Víctimas de la moda

Cómo se crea, por qué la seguimos

Editorial Gustavo Gili, SA

08029 Barcelona Rosselló 87-89. Tel. 93 322 81 61
México, Naucalpan 53050 Valle de Bravo, 21. Tel. 55 60 60 11
Portugal, 2700-606 Amadora Praceta Notícias da Amadora, nº4-B. Tel. 21 491 09 36

Víctimas de la moda

Cómo se crea, por qué la seguimos

Guillaume Erner

GG moda

B Para Barbarella
que nunca sea
esclava de
la Moda
un beso

Aunque pasen los años
seguirás siendo mi NOVIA.
Muchas Felicidades!!
TQ

Todos los besos
todas las felicidades!
disfruta mucho y siempre
(El año que viene lo celebra-
mos todas juntas!)
Qué suerte tenerte...

27/4/06.

Y besos de los ausentes hoy!!

Fati
Mati
Cristi
Jorge
y Cris Olmeda

♡ ♡

X X X

Título original: *Victimes de la mode? Comment on la crée, pourquoi on la suit*
Publicado originariamente por Éditions La Découverte, 9 bis, rue Abel-Hovelacque, 75013, París, 2004

Versión castellana: Inmaculada Urrea y Marta Camps
Diseño gráfico: Estudi Coma
Fotografía de la cubierta: © Tesh/Tony Jay Inc.
Directora de la colección: Inmaculada Urrea

Printed in Spain
ISBN: 84-252-2066-1
Depósito legal: B. 41.510-2005
Impresión: Gráficas 92, Rubí (Barcelona)

ÍNDICE

Para Marie.

"Estad seguros de que cada hombre, cuando cree poder decidir solo sobre la forma de un vestido o las conveniencias del lenguaje, no duda para nada en juzgar todas las cosas por sí mismo y cuando las menores convenciones sociales no se cumplen, tened en cuenta que una revolución importante ha tenido lugar en las grandes."

Alexis de Tocqueville, *La democracia en América*

"Descubrieron los tejidos de lana, las blusas de seda, las camisas de Doucet, las corbatas de gasa, los pañuelos de seda [...], la magistral jerarquía de los zapatos que va de los Churchs a los Weston, de los Weston a los Bunting, y de los Bunting a los Lobb."

Georges Perec, *Las cosas.*

PRÓLOGO

Los sociólogos son gente seria que no tiene tiempo para seguir la moda. Y los universitarios, excepto raras excepciones, desprecian las tendencias. Por otro lado, el mundo de la moda ignora la sociología. ¿Para qué entonces dar la lata con un libro en jerga académica? Los días son demasiado cortos y las noches insuficientemente largas para entregarse a esta clase de vicios.

Los universos de Zara y de Chanel son raramente explorados por los sociólogos y, sin embargo, la moda es un tema perfectamente legítimo para la disciplina encargada de analizar la esfera de lo social. El pensamiento irracional colectivo es una materia de estudio habitual para la sociología. Si "hasta las creencias más extrañas pueden [...] someterse a un análisis de tipo científico",[1] como afirma Raymond Boudon, es totalmente legítimo que la sociología se interese por la moda. De hecho, ¿qué hay más extraño que las tendencias? ¿Por qué cambia la longitud de las faldas cada temporada? ¿Cómo se justifica un sistema que mete en tales líos a personas adultas? Las creencias que motivan estos comportamientos son tan ilógicas como las danzas destinadas a provocar la lluvia o el creer en una invasión extraterrestre.

Por lo que respecta a la moda, nunca ha sido un tema noble en el campo de la sociología. Para el estudio de este fenómeno y de las formas que adopta hoy, hay que observar objetos considerados como vulgares y hacer un esfuerzo para no hablar solamente "de trapitos", sino interesarse también por las empresas que los producen y, todavía más, por las marcas que los firman. Las marcas tienen en el mundo de la moda un papel comparable al de la gravedad universal en la caída de los cuerpos: se puede lamentar su existencia o su peso, pero es impo-

---

1. Raymond Boudon, *L'Art de se persuader des idées douteuses, fragiles ou fausses*, Fayard, París, 1990, p. 7.

sible ignorarlas. Es necesario ocuparse de estos temas frívolos, abandonar por un momento las cuestiones propias de la sociología –el capitalismo y otras secularizaciones– con el fin de centrarse en Prada y Gucci, en los colores de los vestidos y en sus formas.

Última precaución: en sociología existe la tradición de explicitar la propia "relación con el objeto", de explicar qué relación se tiene con el sujeto estudiado. En tal caso, debe manifestarse que el lazo que une al autor de estas líneas con el ámbito del vestido es todo menos teórico. Nieto de sastres, hijo de modistas y trabajando él mismo en el sector de la moda desde hace más de doce años, el mundo del vestido es un universo que conoce muy bien desde dentro. La investigación empezó hace más de treinta y cinco años, lo que constituye una oportunidad y una limitación al mismo tiempo. Imposible, pues, mostrarse neutral frente a un mundo que se conoce tan a fondo, de una manera íntima, casi carnal. El peligro no es mostrarse parcial –contra estos posibles desvíos la conciencia vela–, sino, en todo caso, mostrarse más comprensivo respecto a este universo de lo que se mostraría un sociólogo para quien la moda resultara extraña. Ya que tanto hoy como ayer el universo del vestido, los *schmates*, como decían los judíos en yiddish, sigue siendo muy emocionante: se mezcla la práctica más simple con la negociación más astuta, se utiliza el mismo lenguaje en Tokio, Tel-Aviv o Hong Kong; las fortunas se construyen y destruyen a la velocidad del relámpago; las chicas son bellas, los chicos son fáciles, y viceversa. Éste es un mundo gobernado por lo griego y por lo hebreo. Dos palabras fundamentales que los neoyorquinos utilizan en su lenguaje cotidiano son el *hubris*, la "desmesura" según Aristóteles, y la *chutzpah*, término hebreo que designa algo así como "tener descaro". El universo de la moda no tiene el monopolio de la *chutzpah* o del *hubris*, pero es uno de sus mayores productores. Sin *chutzpah*, Ralph Lauren, hijo de inmigrantes judíos nacido en Brooklyn, jamás se habría atrevido a enseñar a la *gentry* americana cómo debía vestir. Sólo el *hubris* ha podido inspirar a Giorgio Armani la increíble sede de su empresa en Milán. Y es que la desmesura no atemoriza a este creador: ¿no ha conseguido unir su nombre al de un imperio, Emporio Armani?

Por lo tanto, para quienes saben observar, el mundo de la moda no es tan ligero y fútil como a menudo parece. Desde Cocteau, sabemos que "la moda muere joven", y por ello es por lo que acostumbra a tener cierto aire sombrío. Cuando paseamos por el Carreau du Temple, corazón histórico del textil parisino donde actualmente se realizan los desfiles de prêt-à-porter, nos percatamos de este designio profético: la dulce melancolía que impregna las calles nos recuerda a los judíos supervivientes que, al finalizar la guerra, vendían vestidos hechos con tejidos militares. Y sentimos la misma melancolía al pensar en todos aquellos muertos de sida por quienes la moda es hoy un mundo en duelo.

La sociología no abarca todo, no puede resucitar el pasado, ni dar vida a los muertos, pero sí puede rendirles homenaje ayudándonos a comprender mejor el presente.

INTRODUCCIÓN

Cambiaba de vestido varias veces al día, uno para cada ocasión, pero su debilidad eran los peinados. Consecuentemente, no confiaba su pelo a cualquiera, sino que dejaba este delicado asunto en manos de un inglés, un verdadero esnob, podríamos decir, que se permitía el lujo de seleccionar a sus clientas y rechazar en ocasiones a otras procedentes de la alta sociedad. Nuestra protagonista no pensaba en otra cosa durante todo el día, buscando la crema que mejor le fuera o seleccionando nuevas tendencias traídas del extranjero por sus amigas. Pero un día cayó esta cabecita tan cuidada. *Ella* no era Gwyneth Paltrow, sino María Antonieta.

La moda está de moda desde hace mucho tiempo. Hoy, sin embargo, las tendencias no son patrimonio de la aristocracia, sino que se han democratizado. Son muy pocos los que tienen la fuerza, o la voluntad, para sustraerse a su dictado. Pero la gran novedad se encuentra en otro lado: en los modistos y en las marcas que han creado. María Antonieta, auténtica *fashionista,* era una apasionada de las formas y los colores. De hecho, se cuidaba de buscar los mejores artesanos, eligiendo el saber hacer de algunos: lo que más le importaba era el vestido. Nadie consideraba a los creadores de vestidos como artistas. Otras profesiones gozaban de mayor prestigio, era mucho mejor ser arquitecto o cocinero que modisto. De hecho, todavía ni existía la palabra, que apareció tardíamente en francés, alrededor de 1870, abriendo las puertas a una bella profesión. A partir de ese momento será el sastre el que dé al vestido su firma o su marca de fábrica. El fenómeno social que la moda representaba se encontró así considerablemente trastocado.

El siglo xx ha sido el siglo de los modistos. Ya en los años treinta, Coco Chanel era toda una personalidad. Años más tarde, al final de la guerra, Estados Unidos acogió a Christian Dior como a un jefe de Estado. Hoy, Jean-Paul Gaultier o Karl Lagerfeld son estrellas indiscutibles: todo el mundo aplaude sus creaciones, sus vestidos y también los cosméticos del uno y el régimen del otro. ¡Cuánto camino recorrido! En el transcurso de algunas décadas el personaje del modisto ha conquistado el protagonismo de la escena. Un indicio para medir la revolución provocada: el 29 de junio de 1959, a las 11.30, Brigitte Bardot se casaba con Jacques Charrier, llevando uno de los vestidos más conocidos de la historia de la humanidad. Pregunta: ¿quién hizo ese vestido? Respuesta: en aquella época no importaba a nadie. El reportaje que la revista *Elle* dedicó al acontecimiento mencionaba el estampado de *vichy* del vestido, pero no a su creador. De hecho, el vestido benefició más al grupo Boussac, productor entonces del estampado *vichy*, que a su autor, Jacques Estérel. Desde entonces, un olvido parecido es inimaginable, puesto que, a menudo, el creador es más famoso que la novia, ya que cada uno de ellos ha engendrado una marca, extensión de su poder creativo. La firma ocupa un lugar central en el sistema de la moda, incluso parece ser lo mejor de todo. Hace poco las estrellas de cine fueron preguntadas sobre el vestido que desearían llevar en el festival de Cannes. ¿Cómo describieron el traje de sus sueños? ¿Evocando un tono particular, un modelo célebre? En absoluto: se limitaron a nombrar sus marcas favoritas.

Los modistos han ganado una batalla: sus marcas están por todas partes. Aparentemente, su éxito es indiscutible. Nada parece resistirse ante esta inédita alianza entre el artista y el hombre de negocios. Sus creaciones se venden en las grandes tiendas y a la vez se exponen en los museos. Se disputa todo lo que firman y su firma saca partido a los objetos más diversos, desde perfumes hasta mesas de comedor. A fin de cuentas, un solo fenómeno los mantiene en pie: la moda, ese torbellino de tendencias susceptible de convertir cualquier objeto en indispensable y, después, en obsoleto. Públicamente, los diseñadores rechazan confesar sus límites. Y con su habitual seguridad continúan imponiendo colores y formas para la próxima temporada. Para ellos es imposible comportarse de otra manera. Si reconocieran su impotencia, les abandonarían aquellos para quienes sus deseos son órdenes.

Tanto para los modistos como para nosotros, las tendencias continúan siendo un misterio. Pero, a diferencia de los neófitos, los modistos deben defenderlas imperativamente como su fuente de inspiración. Los más hábiles lo hacen de maravilla. Estos sabios saben que nunca se tiene razón yendo contra la sociedad: ella es el verdadero árbitro de la elegancia, la verdadera responsable de esa inseguridad tan temida por Dior y Chanel; "la calle es peligrosamente creativa", ha dicho con humildad Christian Lacroix.[2] Los verdaderos *fashion victims* no son aquellos en quienes pensamos normalmente: los modistos se encuentran, probablemente, entre las primeras víctimas de la moda.

La moda martiriza menos a los sociólogos que a los modistos. Probablemente sea ésta la razón por la que ciertos especialistas de lo social continúen mostrándole tanto respeto. Para ellos, las tendencias son fruto de una caja negra que el sentido común recomienda no abrir. En contrapartida, se muestran mucho menos caritativos con los *fashionistas*, abandonados a su triste suerte: sin el menor miramiento, se les priva de racionalidad. Ya es hora de reparar esta injusticia y de explorar la fábrica de la moda, para restituir a los actores sus razones y a las tendencias sus orígenes.

Cada año encontramos profetas que anuncian el gran retorno de la minifalda. Pero la minifalda debe estar ocupada porque, desde hace unas cuantas temporadas, envía a los tejanos en su lugar. La moda es así: caprichosa y con mucho carácter. Seguros de sí mismos y dominadores, los primeros modistos pensaron poder dominarla. Worth y Poiret, dos de los grandes pioneros de la moda contemporánea, ignoraron que su vida iba a ser trágica a la fuerza, puesto que estando de moda se condenaron a que un día, de pronto, dejaran de estarlo. Con ellos empezó la gran avalancha de talentos: Poiret eclipsó a Worth antes de ceder su hegemonía a Chanel. Desde estos gloriosos

---

2. Christian Lacroix, en *Repères modes et textiles*, IFM, París, 1996, p. 55.

comienzos, los nombres han cambiado, pero el decorado permanece igual. Cada temporada, los diseñadores aguardan la misma suerte que los colores y las formas. Un año toca azul y después pasamos al rojo, de la misma manera que Gucci toma el relevo de Cerruti.

El guardarropa no es, ni mucho menos, el único lugar que se rige por fenómenos cíclicos. Sin embargo, de entre todas las modas, la del vestir continúa siendo la más enigmática. La *nouvelle cuisinne*, así como la tradicional, obedece a ciertas reglas. Un ejemplo: el cuidado de la línea tiene que ver con el auge de la cocina japonesa y el declive de la olla. De la misma manera, parece fácil comprender por qué un nombre es muy popular en un momento y deja de serlo de repente. No es difícil adivinar que había gran cantidad de Elvis en Estados Unidos durante los años sesenta. En cambio, los motivos por los que miles de pies acaban llevando los mismos zapatos resultan mucho más incomprensibles. ¿Cómo se explicaría, por ejemplo, el sorprendente destino de las *thongs*? Durante mucho tiempo, estos zapatos estuvieron absurdamente relegados a la playa: desde el verano del 2000 sabemos de sobra que este calzado soporta muy bien su uso en la ciudad. No obstante, no todos los zapatos han tenido la misma suerte. Las sandalias de pescador –esas divertidas sandalias de plástico translúcido– no han podido alejarse nunca del agua. Habría que alzarse contra tal injusticia. Pero el destino de las *thongs* parecía periclitado: el verano del 2004 se les presentó fatal. Demasiado vistas. Ya en el 2002 estorbaban en los pies de los verdaderos *fashion victims*. Las *thongs* están, por así decirlo, en proceso de *pashminización*, del nombre de ese precioso chal –la *pashmina*– que ha pasado del estatus de *must have*, a ser un símbolo de vulgaridad.

Estas dos epopeyas –las *thongs* y la *pashmina*– reúnen los tres ingredientes necesarios para la transformación de un objeto banal en un producto estrella: la arbitrariedad, la distinción y la imitación. *Arbitrario* porque las *thongs* han llegado allí donde miles de otros zapatos han fracasado. La babucha masculina no ha conseguido salir de un pequeño entorno gay y a la última. Más de una razón puede aclararnos el éxito de las *thongs*: su precio o su nostalgia de la playa. Pero estas tímidas conjeturas no disipan el misterio. Evidentemente, podríamos elaborar algunas audaces hipótesis, pero más vale que nos ahorremos el ridículo de justificar esta moda, otorgando al individuo hipermoderno una propensión a levantar su dedo gordo. Sin embargo, seguramente, el primero en poner un pie desnudo en la *rue* Étienne-Marcel de París, lo hizo para *distinguirse* de todos los demás horteras que llevaban zapatos cerrados. Este individuo vanguardista fue *imitado*, como lo fue Gwyneth Paltrow cuando asistió a una ceremonia de los Oscar con una *pashmina* sobre los hombros. Según la leyenda –a la moda le apasionan las habladurías–, el chal fue traído de un improbable viaje al Tíbet. Las fotografías de la bella actriz dieron la vuelta al mundo y los profesionales del sector buscaban como locos el Tíbet en el mapa, anticipando la próxima moda.

A posteriori, la *pashmina* o las *thongs* pueden parecer casos bastante simples. Para predecir el éxito de estos dos artículos sólo existe una alternativa. Primera posibilidad: ir a consultar al mismo número de videntes que de consumidores potenciales, a fin de adivinar sus gustos y sus deseos. Segunda opción, más aceptable en sociología: utilizar modelos que permitan comprender las elecciones colectivas a partir de decisiones individuales. Optaremos por este último método, dejando la astrología en manos de supuestos sociólogos –Élisabeth Teissier se doctoró en sociología en condiciones bastante controvertidas– y de verdaderos *couturiers*. Paco Rabanne, como es sabido, se aventuró a hacer algunas predicciones.

La moda no se aplica sólo en el vestir, sino que influye igualmente en las marcas. Para fabricarla, las marcas han tenido que someterse a sus reglas, dicho de otro modo, convertirse en tendencia para más adelante dejar de serlo. La crueldad de este destino no fue manifiesta de inmediato: las esperanzas depositadas en el sistema de la marca eran inmensas. La excitación de los pioneros recordaba a la de los alquimistas al transformar el plomo en oro. Su poder parecía enorme: era suficiente, por ejemplo, colocar un simple cocodrilo sobre un vulgar polo para transformarlo en un auténtico Lacoste.

Chanel y Dior fueron probablemente los primeros en tomar conciencia de los poderes de la marca. Coco se dio cuenta de que mencionar su nombre bastaba para vender los productos más dispares. Por ejemplo: a pesar de que ella no sabía demasiado de perfumes, su Nº 5 tuvo un enorme éxito súbitamente. Este número es la única de sus creaciones que ha llegado intacta hasta nuestros días. Ante tal constatación, Dior se animó y decidió *alquilar* su nombre a un fabricante americano de corbatas, quien se encargó de producir y comercializar una colección completa bautizada con el nombre del creador. Y sin embargo, Dior no creaba ni uno solo de sus accesorios. Peor aún, sus corbatas estaban tan alejadas de su gusto, que prefería protegerse haciendo ver que no existían.

El descubrimiento de Dior dio lugar al nacimiento del sistema de las licencias, que permiten bautizarlo todo sin importar de lo que se trate, en la mayoría de casos con ayuda de los nombres más prestigiosos. En términos económicos, a esta posibilidad se la denomina una renta, es decir, un capital susceptible de producir beneficios. La renta territorial es muy antigua, y va ligada a la propiedad que se hereda o se adquiere. Con la marca se entra en el terreno de lo inmaterial: un joven un poco desorientado y un poco bohemio, como Christian Dior, pudo contar de repente con una preciosa fortuna. Tal invención no podía escapar al interés de los financieros. Y, repentinamente, aquellos austeros gestores, que no soñaron jamás en cambiar el color de su traje gris, se interesaron por la moda. Grandes empresas como LVMH (Louis Vuitton Moët Hennessy) o PPR (Pinault-Printemps-Redoute) coleccionaron marcas con el objetivo de incrementar sus rentas. Pero, por desgracia, la renta de una marca es susceptible de variar rápidamente: en los años ochenta Cerruti no valía nada, mientras que hoy... Las marcas de moda están a merced de la moda. Por más que inviertan en publicidad y apelen a la gran tradición del lujo, tienen que habérselas con la parte más cambiante de nuestra sociedad: las tendencias. El mundo les resulta hostil. Las casas de alta costura están rodeadas de la competencia, que las espía e intenta inspirarse en los modelos que funcionan. Y entre toda esta competencia, también se encuentran las empresas de *baja costura*, como Zara o H&M, al acecho del menor éxito de las prestigiosas firmas para proponer adaptaciones baratas.

Por si las tendencias y la competencia fueran poco, encima, las marcas de moda también han sido atacadas por la soberbia del capitalismo, convirtiéndose, para la ocasión, en símbolos de la sociedad de consumo. El libro *No logo*, de Naomi Klein,[3] denuncia especialmente la invasión del espacio público por parte del *swoosh*, la famosa coma estilizada que representa a la marca Nike. En general, estas grandes marcas han sido acusadas de contribuir a la injusticia del mundo. Sus métodos de producción, así como el desarrollo de sus técnicas de comercialización, a menudo han estado bajo sospecha. El descubrimiento de las condiciones de trabajo de ciertas fábricas que producen ropa de marcas de prestigio en países del Tercer Mundo, ha conmocionado profundamente a la opinión pública. Las protestas parecen haber dado sus frutos, puesto que muchas empresas se declararon culpables, empezando por Nike.

Los militantes anticapitalistas han atacado con más fuerza que ellas. De hecho, ninguna empresa se les puede resistir, puesto que las amenazas de boicot son suficientes para hacer ceder a las más tercas. Y, sin embargo, las tendencias y el sistema que ellas alimentan nunca han estado tan bien dirigidas. La moda no es una creación de los vendedores, y si éstos pueden aprovecharse del encaprichamiento que atrae sobre sí misma, es porque ella existiría de todas formas sin ellos. Aparecida bajo su forma actual al alba de los tiempos modernos, resulta indispensable para el individuo contemporáneo. Es posible que la moda sea una esclavitud, pero, en todo caso, voluntaria. Ninguna marca ni ningún diseñador nos obligan a vivir en el temor y en el respeto

3. Naomi Klein, *No logo. El poder de las marcas*, Paidós Ibérica, Barcelona, 2002.

de las tendencias. Sólo hay una persona con la fuerza suficiente para obligarnos a seguir la moda: nosotros mismos. Finalmente, la moda sería una mentira banal, si no fuera porque, ante todo, es una mentira en la que queremos, y nos gusta, creer.

PRIMERA PARTE
LA MARCA DE FÁBRICA

1. El nacimiento del modisto

Modisto: quizá una de las profesiones más recientes del mundo, aparecida a finales del siglo XIX. Una profesión problemática, difícil de clasificar. Los cómicos "van al infierno" y a los aristócratas les espera "la farola",* pero, y los genios de la aguja ¿dónde van? Hoy en día van y están por todas partes. No sólo son artistas, sino además grandes estrellas y hombres de negocios. Las revistas se los disputan, y cuando no están en su taller, ni en un avión, es porque deben asistir a una fiesta celebrada en su honor por algún financiero. Cuando Worth entró en la profesión, inaugurándola, no esperaba tanto: sólo quería vestir a las mujeres. Poco se imaginaba que, un siglo después, la gente de su profesión utilizarían sus nombres para vender perfumes o construir imperios. Los modistos no han inventado la moda, aparecida en Occidente en el siglo XIV, pero sí han intentado domesticarla. Aparentemente, han ganado la batalla contra las tendencias: son ellos quienes, ahora, imponen su estilo en el vestir. Su identidad particular, entre el artista y la estrella, les confiere el poder de depositar un poco de su aura en cada una de sus creaciones.

Del primer modisto a la primera marca de moda

Históricamente, el vestir era cuestión de comerciantes o de artesanos. Pero Charles Frederich Worth no quería ser ni lo uno, ni lo otro. ¡Él se consideraba un creador! Y gracias a su testarudez, la figura del modisto nació a mitad del siglo XIX. De to-

* Alude a la canción revolucionaria: "Ça ira" en que se insta a ajusticiar por ahorcamiento –en farola– a los aristócratas.

das maneras, Worth no fue el primero en ofrecer sus servicios a algunas privilegiadas para confeccionarles sus vestidos. Antes de él, un tal Leroy conoció su momento de gloria al realizar los vestidos que Napoleón llevaría para su coronación, pero el final del emperador resultó ser el suyo también. Worth tomó el relevo, introduciendo en el mundo de la moda una idea clave: la innovación. Fue él quien pensó en reunir, en un único lugar, un estilo y una promesa de novedades. En 1858 Worth inauguró su *maison*, para la que escogió un eslogan que bien podría haber pasado por un manifiesto: "Altas novedades". Hasta ese momento el cambio nunca había sido pensado y reivindicado como tal. Allí, en esa boutique extrañamente situada en un barrio nuevo de París, destinado a un gran futuro, en la rue de la Paix, garantizaba lo inédito de cada temporada.

A la manera de un retratista, Worth nunca elegía sus temas. Sin embargo, imponía una manera de hacer. Su trabajo, explicaba él mismo, no consistía en "ejecutar solamente, sino, sobre todo, en inventar. La creación es el secreto de mi éxito. No quiero que la gente arregle sus vestidos. Si lo hicieran, perdería la mitad de mi negocio".[4] Sus prestigiosas clientas se dejaban aconsejar por quien llegaría a ser el único árbitro en materia de elegancia. ¿Que a la emperatriz Eugenia no le gustaban los brocados? Pues por orden de Napoleón III, su marido, acabó llevando un vestido de brocado floreado que le propuso –perdón: impuso– Worth. Sin ser rencorosa, Eugenia –así como otra aristócrata legendaria como Sissí (Elisabeth de Austria)– inmortalizó las creaciones del modisto posando para el pintor Winterhalter con un traje de seda adornado con bordados en oro. Worth no se consideraba a sí mismo como el proveedor de estas damas, él quería ser su igual, su amigo, su confidente. Era gracias a que pertenecía a su mundo, explicaba, cómo podía entender desde los deseos de la reina Victoria hasta los de la zarina. Y para convencerlas de que llevaran sus creaciones, se le ocurrió presentarlas sobre mujeres reales, inventando la fi-

4. Citado por Didier Grumbach, *Histoires de mode*, Éditions du Seuil, París, 1993, p. 19.

gura de las modelos, que al principio fueron bautizadas como "sosias".

Si las creaciones de Worth eran singulares, también lo era su posición social. No era ni un dominante ni un dominado entre los dominadores. En el seno de las altas esferas, gozaba de un puesto aparte, como en otros tiempos lo tuvieron el bufón o el artista. Ciertamente, el esnobismo era su manera de ganarse la vida, pero llegó a arreglárselas, dentro del universo de la aristocracia, para conseguir un lugar para el capricho y la excentricidad. Como símbolo de esta sorprendente mezcla, estaban las jovencitas, a las que llamaba *jockeys*, que se encargaban de encarnar la *maison* para la alta sociedad, representando la quintaesencia de la elegancia según su maestro. La primera de estas musas fue Pauline de Metternich, esposa del embajador de Austria, que, gracias a una personalidad chispeante, sabía combinar perfectamente la distinción y la broma. No han sido muchas las mujeres capaces de asumir un rol como el suyo. Betty Catroux para Yves Saint Laurent, Inès de la Fressange para Chanel, o Farida para Jean-Paul Gaultier, han sido algunas de las pocas que han conseguido encarnar el espíritu bohemio, tal y como se lo imagina la alta sociedad.

Worth tuvo una posición social ambigua: su estilo rupturista; con él añadió a su nombre una silueta y una cierta concepción de la elegancia. Todas sus creaciones reflejan su manera de entender el vestir. Los anglosajones llaman *one-trick poneys*, a los que su habilidad da muestra de semejante constancia, en honor a los ponis de circo amaestrados para realizar una actuación única. Worth representaba la perfecta encarnación de este tipo de animal, sus vestidos se reconocían entre todos los demás, sobre todo porque no llevaban crinolina. Antes de él, todos los artesanos utilizaban esta estructura, tanto realizada en tejido como en metal, cuya función era dar volumen a la falda. La revolución de Worth consistió en reemplazar este armazón por una media-jaula, el polisón, que daba volumen sólo detrás. Este gesto hubiera bastado por sí mismo, pero, como buen narrador de su propia leyenda, Worth lo acompañó de una anécdota muy útil. Esta novedad, explicaba, fue inspirada al observar una lavandera remangándose la falda sobre los riñones. Worth no sólo tenía un gran sentido de la elegancia, sino que también sabía contar historias que le ayudaran a vender.[5]

Imponiendo la fuerza de la novedad mediante colecciones anuales, Worth inventó el mecanismo que fue su gran éxito y también su ruina. Fue uno de sus aprendices, Paul Poiret (1879-1944) quien lo precipitó a retirarse a principios del siglo XX. En ese momento, la imagen del modisto no era demasiado parecida a la que tenemos hoy. Worth se asemejaba a Flaubert: ambos eran hombretones de tipo gordinflón y mostachudo. Poiret, en cambio, recordaba más a Raimu.[6] Sin embargo, es a este perfil "estilo tercera República" al que debemos no sólo la silueta moderna, sino también, probablemente, la primera marca de moda.

Poiret tampoco pertenecía a la clase alta, lo mismo que Worth. A pesar de provenir de una modesta familia de comerciantes, Poiret consiguió ser admitido por la alta sociedad, además de convertirse en una de sus figuras clave. A la manera de Chanel, quien más tarde se convirtió en su gran rival, Poiret encarnaba el espíritu arrabalero, mostrándose como el más caprichoso, el más sibarita y el más Parisino. Cuando no estaba eligiendo una tela, estaba engullendo una *andovillette* [embutido francés] o pescando con caña. Necesitó mucha habilidad, y bastante paciencia, para encontrar su lugar en la ciudad y erigirse en uno de sus epicentros, alrededor del que acontecían todas las fiestas.

Paul Poiret no tenía como costumbre que lo ignorasen, por lo que le parecía algo completamente normal atraer la atención de las mujeres. Sus tres hermanas le admiraban y su madre lo mimaba. Ella le dio el dinero necesario para abrir su primer negocio. Sus primeros pasos con los grandes modistos, donde es

---

5. Charlotte Seeling, *Moda. El siglo de los diseñadores*, Köneman, Colonia, 2000.
6. Conocido actor francés (N.T.).

tradición bajar rápidamente los humos de los aprendices contra el probable y precoz egotismo, contrastaban con la dulzura maternal a la que estaba acostumbrado. "¿A esto le llama usted traje? Esto es una birria",[7] le decía el hijo de Worth, para proteger el nombre de su padre contra posibles consecuencias comerciales. Pero esta maldad consciente, que aún se utiliza hoy en día, no frenó para nada a Poiret. Seguro de sí mismo, repitió su estrategia y su ambición como explicaría más tarde en sus *Memorias*: "La moda necesita actualmente un nuevo maestro. Necesita un tirano que la fustigue y que la libere de sus escrúpulos. El que le haga este favor, será rico y admirado. [...] El primer año no será imitado, pero el segundo será copiado".[8] No lo dudó en ningún momento, nadie más que él podía conseguir el título de nuevo maestro.

Así como Worth había sustituido la crinolina por el polisón, Poiret decidió, lógicamente, sustituir el polisón. Su marca de fábrica era una silueta fluida, en *vague*, como se decía entonces. Fuera los armazones, fuera las estructuras artificiales, los corsés y otros postizos. Poiret no quería ver, según decía, a "las mujeres divididas en dos lóbulos, que tenían el aspecto de tirar de un remolque".[9] Nada que ver con la ideología de la época. Poiret nunca quiso liberar a nadie y menos aún a las mujeres. Si liberó su busto, fue para trabar mejor sus piernas, gracias a una falda muy estrecha, que le costó trabajo imponer. De todos modos, le debemos una línea infinitamente más natural y mucho más próxima a la que hoy conocemos. El abandono de la silueta almidonada –con más de tres quilos de ornamentos– necesitó un tiempo de adaptación entre dos y tres años. Pero ese lapso de tiempo puso fin a una moda que duraba desde hacía cuatro siglos, desde el corsé emballenado. Las malas lenguas decían encontrar este atavío tan ventajoso para las mujeres como un guante de baño gigante. Poiret se desentendió de las

---

7. Paul Poiret, *En habillant l'èpoque*, Grasset, París, 1986, p. 47. [Versión castellana: *Vistiendo la época*, Parsifal, Barcelona, 1989].
8. *Ibíd.*
9. *Ibíd.*

malas críticas, y triunfó. Este gran amante de las mujeres decidió después vestirlas como a niños pequeños, y también ganó la batalla en el frente de los colores. En el momento de su debut en el mundo de la moda, los tonos eran bastante tímidos: lilas, malvas, tiernos azules hortensia o gamas de paja y maíz. Él los cambió por rojos, verdes y violetas.

Poiret sabía crear y también se encargaba de hacerlo saber. Gran vendedor, distinguía con gran olfato si había que desplegar la alfombra roja o, por el contrario, si debía mirar a alguien por encima del hombro, puesto que fue un gran practicante de la distinción. De este modo, cuando decidió no vender más a una Rothschild, quien se había permitido el lujo de hablar mal de su colección, se encargó de que se supiera. Además, Poiret sabía muy bien que para vestir a la alta sociedad tenía que formar parte de ella. Muy fiel a sus principios, no dudaba en reprochar a sus colaboradores no salir lo suficiente, o que no tuvieran ni amantes ni queridas. En esta profesión, llevar una existencia ordenada no facilitaba para nada el negocio. Por ello, cuando le acusaron de fumar opio, él se limitó a desmentirlo con la boca pequeña. Toda oportunidad para distinguirse debía aprovecharse. Como Worth, decidió que el mejor lugar donde instalarse era aquel donde no hubiera nadie más... de momento. Su antepasado se había instalado en la *rue* de la Paix: Poiret lo hizo en el *faubourg* Saint-Honoré, como más tarde Yves Saint Laurent lo hará en la *rive gauche* o Kenzo en la place des Victoires.

En 1911, en pleno apogeo de su gloria, Poiret daría una fiesta inolvidable que bautizó como la fiesta de “Las mil y dos noches”. El gusto por Oriente estaba entonces a la orden del día y además se acababa de traducir al francés el libro de *Las mil y una noches*. Todo el mundo se rindió a su invitación. Estaban la Princesa de Murat, Boni de Castellane, los Rothschild, diversos artistas... Poiret tenía muchos amigos artistas. Por ejemplo, pidió a Paul Iribe, y más tarde a Georges Lepape, que le ilustraran sus catálogos, siendo el primero en romper las estrictas barreras que separaban el arte y la moda. Aprovechando su gran prestigio, y dejando de lado su nombre de pila, Paul, Poiret transformó su apellido en marca. Incluso ideó vender bajo su firma muchas cosas más que vestidos: perfumes, accesorios, muebles, y hasta velas.

Pero el universo Poiret no sobrevivió a la Gran Guerra. La década de los veinte le sorprendió viviendo en un magnífico desorden, con diez años de retraso respecto a la modernidad que se anunciaba. Su mayor enemiga, Gabrielle Chanel, la "inventora de la miseria", como solía llamarla Poiret, la que se atrevía a vestir a las mujeres como "pequeñas telegrafistas mal alimentadas", le robó todo el protagonismo. "¿Está usted de luto? ¿Pero de quién?", se inquietó Poiret al cruzarse con Chanel quien llevaba su jersey negro. "Pues de usted, querido mío".[10] Terriblemente picado, Poiret respondió con incesantes manifestaciones de lo más megalomaníacas: continuaba invitando a las estrellas más famosas a sus fiestas, pero éstas empezaron a rechazar las invitaciones. Aunque eso no quedó ahí, ya que Poiret no dudó en pagar a Isadora Duncan, Pierre Brasseur o Yvette Guilbert para que aceptaran sus invitaciones. En su derroche, regaba la ciudad con champán, acompañado de ostras y perlas, y con servicio incluido. En 1923, cuando tuvo lugar la exposición Art Déco, se sobrepasó. Para exponer sus creaciones, dispuso de tres barcazas, *Amours, Délices* y *Orgues*: la primera era un restaurante, la segunda un salón de peluquería, y en la tercera vendía sus perfumes, accesorios y muebles. Mientras las barcazas flotaban, su negocio se hundía. Pero hasta en eso Poiret innovó: fue la primera marca de moda en arruinarse.

En los orígenes de la creación, un deseo de venganza

Worth y Poiret inauguraron la nómina de los grandes modistos y cada uno de sus sucesores aportaron su personalidad a la profesión, por lo que es difícil distinguir, entre esta gran variedad de individuos, características comunes. Evidentemente, no se trata

---

10. Citado por Laurence Benaïm, *Yves Saint Laurent*, Grasset, París, 1993, p. 37.

de descubrir recetas mágicas, ni de evidenciar algún determinismo, sino de intentar comprender lo que tienen en común algunos creadores singulares, quienes –sea cual sea el lugar que se les reserve entre las artes– utilizan su imaginación productiva.

Si se les interroga sobre su singularidad, no se saca nada en claro. Un vestido no se crea con palabras y ello explica que normalmente los creadores no se sientan muy cómodos hablando. Sin embargo, si tuviéramos que recoger, aun a riesgo de caer en la esquematización, un elemento biográfico común entre todos los grandes modistos, deberíamos buscarlo, primeramente, en las dificultades que muchos encontraron durante su infancia. De esta manera, tanto Madeleine Vionnet, como Gabrielle Chanel o Jeanne Lanvin, además de que nacieron en un entorno modesto, fueron niñas desgraciadas y después jovencitas puestas a prueba duramente por la vida. Esta infelicidad es el vínculo común que une a estas tres mujeres. Para salir adelante, tuvieron que contar(se) historias y seguramente alargar los cuentos que imaginaban cuando eran niñas, proyectándolos sobre un trozo de tela. En este sentido, su destino recuerda al de Mozart, analizado por el sociólogo Norbert Elias. Elias se preguntaba sobre la difícil cuestión del nacimiento del genio, poniendo en evidencia el talento de ciertos individuos para poder "someter su capacidad de imaginación [...] a las leyes propias de los materiales".[11] La ropa que estas mujeres creaban –su estilo– era, en cierto modo, la prolongación de los fantasmas que les habían permitido sobrevivir, de sus sueños diurnos o nocturnos que las ayudaban a soportar el peso de la existencia.

Madeleine Vionnet, huérfana de madre, trabajó desde muy pronto con una costurera. Cuando empezó a ganarse la vida en dos grandes casas parisinas de costura, perdió a su pequeña hija y se divorció: aún no tenía veinte años. Probablemente, estas circunstancias la llevaron a preocuparse por la condición de sus empleadas, mayoritariamente mujeres. Tenían derecho

11. Norbert Elias, *Mozart, sociología de un genio*, Península, Barcelona, 1991.

a comedor gratuito, a una cobertura médica así como a vacaciones pagadas. La alta costura conservó durante mucho tiempo la reputación de sector socialmente protector. Madeleine Vionnet tenía en plantilla, en la década de los veinte, a 1.200 trabajadoras repartidas entre 20 talleres, todos situados en barrios acomodados de París. En aquella época, 30.000 asalariadas trabajaban en el sector de la costura, que representaba la primera actividad económica en la capital francesa.

En cuanto a Gabrielle Chanel, seguramente no tenía el genio de Vionnet para entender una tela, pero sí tenía un talento innato para explicar a sus contemporáneos las historias que éstos querían oír, historias en tejidos. La vida la forzó a mentir y más tarde a mentirse a sí misma. Su juventud es un verdadero naufragio: pierde a su madre, a la que adoraba, a la edad de doce años; su padre la abandona y Chanel se encuentra viviendo en un orfanato, donde aprende su futura profesión; la aguja, pensaba, la ayudaría a sobrevivir. Estos comienzos eran demasiado tristes para una niña pequeña y ella, en un derroche de imaginación, empieza a novelarlo todo. Cuenta que su padre se fue a América a hacer fortuna; maquilla el suicidio de su hermana, explicando que cayó en la nieve y murió de frío; cría a su sobrino, André Palasse, sin que nadie sepa nunca si el niño era o no hijo suyo.[12] Y hasta se atreve a escribir su propia biografía, con la ayuda de Louise de Vilmorin, aunque ningún editor querrá publicarla, por ser demasiado improbable. Pero Chanel tendrá otras ocasiones de escribir, asegurándose la máxima audiencia para sus tajantes opiniones. A finales de la década de los treinta, ofrecerá sus opiniones, bajo la forma de crónicas periódicas, a la revista *Vogue*. Como una gran parte de la alta costura francesa, su actuación durante la guerra no fue, ni mucho menos, irreprochable. Pero hasta en este tema parece muy difícil separar la verdad de las mentiras. No obstante, lo cierto es que su vida será de novela. Se codeará con los más grandes: Cocteau, Morand, Picasso, Satie, Max Jacob... Tendrá como amantes a Boy Capel

12. Isabelle Fiemeyer, *Coco Chanel, un parfum de mistère*, Payot, París, 1999, p. 37. [Versión catalana: *Coco Chanel, un perfum de misteri*, Pòrtic, Barcelona, 2002].

–el seductor más famoso de la época–, al gran duque Dimitri Pavlovitch y al excéntrico poeta Pierre Reverdy. Chanel es una mujer muy singular, sus mentiras hablan en la época más que ciertas verdades. Una noche, en mayo de 1917, Chanel duda del futuro de su relación con Boy Capel. Movida por la rabia, se corta su larga cabellera morena. Al llegar a la Ópera, justifica el nuevo e inapropiado corte de pelo inventando una improbable historia sobre la explosión de su calentador. Poco importa la fábula, el caso es que Coco consigue imponer una nueva moda capilar. Todo Chanel puede resumirse en esta anécdota.

Chanel, así como sus colegas Madeleine Vionnet y Jeanne Lanvin, no necesita a los hombres para salir adelante. Ella asume, y prefiere, que tanto en su vida amorosa como en su vida profesional, reine la autonomía sobre la monotonía. De hecho abandona a su marido, quien había financiado su primera sede como sombrerera, al lado de quien se aburre. Desde 1914 la sombrerera se impone como *couturière,* empezando a preocupar a Poiret. En ese momento empieza su venganza social. Sus creaciones seducen, encajando perfectamente con la época. En 1916 emplea ya a 300 trabajadores y el *Harper's Bazaar* reproduce entre sus páginas su audaz vestido camisero. En 1926, Chanel conoce la gloria en forma de "la petite robe noir", un simple vestido de crepé negro, de manga larga, que llega a la altura de las rodillas. "Un Ford firmado Chanel", ironizó el *Vogue* americano. La comparación no era tan irreverente como parecía, puesto que Chanel, con ese pequeño vestido negro, hizo pasar de moda siete siglos de ornamentos, captando el fin de lo formal y apoderándose de la modernidad de las formas depuradas. Gabrielle Chanel resultó ser una vendedora excelente: tiene la genial idea de abrir sucursales de su tienda en Deauville y más tarde en Biarritz. Pero, por encima de todo, sabe venderse a sí misma. En 1930, Sam Goldwyn le ofrece medio millón de dólares anuales para que vista a Gloria Swanson, Greta Garbo, Marlene Dietrich, Claudette Colbert e Ina Claire. Muchos habrían aceptado sin pensárselo dos veces, y se habrían equivocado. Coco perfecciona su estrategia de distinción y espera, haciéndose de rogar, antes de aceptar. Ella es la primera mujer que dotará de un aura poderosa a los objetos que lleven su nombre y la primera también que organizará su retorno, con más de setenta años. Preocupada por no decir nunca la verdad, pretenderá tener sólo sesenta. Su edad es, seguramente, la única cosa de su vida que Chanel se esforzó en minimizar. Su vida acabará como en los cuentos, miserable y tirana, en una *suite* del hotel Ritz de París.

Para ser un gran modisto es preciso, pues, saber contar historias. Pero, ¿cómo debía ser, a principios de siglo, el que quería seguir esta profesión? En la generación de las Chanel y las Lanvin, la costura como actividad profesional estaba reservada para las niñas de clase pobre. Jeanne Lanvin se esforzó al máximo en un aprendizaje difícil, como si se tratara de la única oportunidad para escapar de su miserable destino. Un chico, al contrario, tenía menos posibilidades de dedicarse a esta profesión. Dior, por ejemplo, se convirtió en diseñador tarde, cuando tenía más de treinta años. Aunque sabía dibujar, probablemente nunca antes se había planteado poder vivir gracias a ese talento. De hecho, si aceptó el trabajo que le ofrecieron, fue debido a que necesitaba urgentemente el dinero. Al fin y al cabo, su única experiencia en el ámbito de la moda eran los disfraces que confeccionaba cuando era niño. Un gusto que, por cierto, conservó incluso de adulto, cuando decidió aparecer, en un baile de disfraces, alrededor de la década de los cincuenta, vestido de Cupido gigante, completamente de rosa, con aljaba, flechas y, por supuesto, alas.[13]

Además de una infancia desgraciada, otro punto en común que encontramos en la mayoría de los grandes modistos es la importancia de la figura materna. No es de extrañar, puesto que la madre era a menudo la que ofrecía, de manera natural, el primer contacto con la elegancia. Es por ello por lo que en Yves Saint Laurent o en Dior, el rostro de la madre resulta esencial. Madelaine Dior seguramente no fue una madre dulce ni tierna. De hecho, parece que era una mujer elegante, severa, dura y fría. Christian la veneraba, confesando que nunca se ha-

---

13. Marie-France Pochna, *Christian Dior*, Flammarion, París, 1994, p. 191.

bía recuperado de su muerte.[14] Evidentemente, sería absurdo generalizar y jugar al psicoanálisis barato. Sin embargo, muy a menudo, los modistos evocan a su madre como primera fuente de inspiración y su relación con ella como factor determinante de su vocación. Esto podemos comprobarlo en las creaciones de individuos tan diferentes como Yohji Yamamoto o Julien Mcdonald, actual director artístico de Givenchy.[15]

Un último punto en común entre los modistos es el deseo de venganza social que puede observarse en muchos creadores. Es preciso examinar la naturaleza de esta necesidad de reconocimiento. Para algunos, se trata simplemente de alejarse de su modesta condición. El caso Ralph Lauren, en este sentido, resulta esclarecedor. Es imposible pasar por alto la fascinación que la América señorial ejerce en este hombre, por sus orígenes de judío pobre de Brooklyn. Calvin Klein provenía también del mismo entorno, aunque su deseo de ser respetado no era tan perentorio como el de Lauren. Entre los creadores, los "dominantes" son muy raros, como ha podido constatarse. Jean-Paul Gaultier, John Galliano o Pierre Cardin provienen de orígenes modestos. Pero, más allá del deseo de ascensión social, existe, entre algunos de ellos, probablemente, el deseo de poder asumir su elección amorosa. La homosexualidad para una gran mayoría de estos creadores significaba la clandestinidad y la vergüenza. Siendo adolescente en Orán, Yves Saint Laurent vivió su identidad sexual como un terrible secreto. Instalarse en París, en un ambiente en el que su condición no se consideraba un vicio, significó para él una liberación. Dior conoció la misma repro-

14. *Ibíd.*, p. 70.
15. Julien Macdonald explica: "Era una mujer bellísima. Hoy tiene sesenta y ocho años, así que perteneció a la generación de la década de los sesenta. Cuando tenía veinte años, fue modelo de ropa de baño, hay fotos suyas en bikinis de leopardo. [...] Mi madre era, y sigue siendo, una mujer con mucho *glamour*, con un montón de joyas, un armario centelleante, adoraba todo lo que brillaba. [...] Sobre todo, lo que más le fascinaba era Hollywood, por sus películas en blanco y negro, en particular las películas de Fred Astaire y Ginger Rogers. Veía sus películas en la televisión, lo sabía todo sobre ellos. A mí también me fascinaban esas películas, con ese punto de *glamour*, de romance, de misterio, de chispa, unas historias que siempre acababan bien. Fui educado de esta particular manera, sobre todo para un niño". *Mixt(e)*, primavera-verano 2002.

bación en su entorno familiar. Para estos dos niños de la burguesía se trataba de vengarse de un entorno que no les aceptaba tal y como eran. Situándose en el seno del *Café Society* de París, mezcla de dandis, artistas, y aristócratas famosos de entreguerras, Dior encontró por fin y, a pesar de su homosexualidad, pero también, en parte, gracias a ella, una legitimidad. La apertura de su casa de costura y el éxito le permitieron beneficiarse finalmente del respeto y el reconocimiento de un mundo mucho más privilegiado que el de la burguesía de su infancia.

De este modo, la costura fue, tanto para las pequeñas niñas huérfanas y pobres, como para estos niños diferentes de los demás, una manera de escapar de sus vidas. Todos, por una razón u otra, necesitaban este sueño diurno que era la creación indumentaria, para conseguir superar las vicisitudes de su existencia. Para muchos de ellos, la moda ha significado una búsqueda constante de afectividad. De joven, y de no tan joven, Dior experimentó el sentimiento de no ser demasiado deseable. El amor que dedicaba a otros hombres no siempre era tan correspondido o sincero como él hubiera deseado. Encontró, pues, en esta actividad creadora una auténtica fuente de consuelo. También para Saint Laurent la moda ha sido durante muchos años una forma de escapar de sus fantasmas. Probablemente, los vestidos le han permitido convertir en menos dolorosas algunas de sus dependencias, como él mismo explicó en un admirable discurso la noche en que se despidió de la alta costura: "Todo hombre necesita fantasmas estéticos para vivir. Yo los he perseguido, buscado, acorralado. He pasado por muchos momentos de angustia y de infierno. He conocido el miedo y la terrible soledad. Los falsos amigos que son los tranquilizantes y los estupefacientes. La prisión de la depresión y la de los sanatorios mentales. De todo ello pude salir un día, deslumbrado pero desengañado. Marcel Proust me había enseñado que 'la magnífica y lamentable familia de los nerviosos es la sal de la tierra'. Yo, sin ser consciente de ello, formo parte de esa familia".[16]

---

16. *Verbatim, Le Monde,* 9 de enero de 2002.

¿Por qué esta familia ha dado a la moda tantos hijos? La sabiduría incita a permanecer humildes frente a la verdad de un hombre y de una práctica. Sin embargo, las historias que pueden contarse con un trozo de tela se sitúan en un lugar muy particular. Ocupan, precisamente, la encrucijada entre el cuerpo, el dinero y el Otro, a partir de la cual es posible tejer una trama de numerosos relatos.

Creadores de diferencias

Un creador de moda es un especialista en la diferencia, capaz de traducirla mediante un tejido. Entre los creadores, muchos son individuos pertenecientes a una identidad minoritaria: judíos, homosexuales, mujeres solas en una época en que se esperaba de ellas el matrimonio y, en la actualidad, jóvenes de los suburbios. ¿Cómo se explica esta situación?

Empecemos por quitarnos de encima explicaciones demasiado simplistas. Por ellas, a menudo se atribuye el talento y el gusto de los homosexuales por la moda a su supuesto narcisismo. O bien, a la imagen de la mujer que les hubiera gustado ser. Es difícil tomar en serio estas teorías: el método que consiste en atribuir a un colectivo, sea cual sea, una sola condición, debe suscitar desconfianza de inmediato. En el origen del racismo se encuentra la idea de que los seres aparentemente diferentes están determinados, en realidad, por su pertenencia racial o religiosa. Considerar que los homosexuales son narcisistas es tan absurdo y rechazable como atribuir a los negros el sentido del ritmo y a los judíos el del dinero.

Los judíos y los homosexuales, tan presentes en el mundo de la moda, comparten un destino común: han sido estigmatizados debido a su diferencia. Cuando no estaban perseguidos, eran objeto de una segregación: la mirada social sobre ellos estaba marcada por la dureza. Desde esta perspectiva, nos recuerdan a aquellas pioneras descritas anteriormente –Chanel, Vionnet y Lanvin– que tuvieron que pagar un precio muy alto por una autonomía que se negaba a las mujeres en esa época. Para todos estos individuos que se encuentran en una situación precaria, y para todos sus semejantes –armenios, chinos, yugoslavos, etc.–, el sector de la moda ha representado tradicionalmente la última solución.

En una época no tan lejana en la que la homosexualidad representaba una enfermedad para la mayoría, la costura era una de las pocas profesiones en las que este tipo de prejuicios no se ejercían. En Francia, así como en Estados Unidos, el universo del vestido se constituyó desde finales del siglo XIX en una especie de legión extranjera susceptible de servir de refugio para individuos víctimas de la hostilidad de sus semejantes. Esta actividad urbana, en la que los *sweatshops* (talleres clandestinos) más sórdidos se codeaban con los talleres de alta costura situados en los mejores barrios, ha sido siempre protegida de la intolerancia por su esnobismo. Los orígenes y las costumbres más diversos siempre han convivido. El mundo de la moda está tan convencido de su superioridad que se permite el lujo de ser democrático con sus empleados, sin dejarse impresionar por los más poderosos, no teniendo, en consecuencia, ninguna razón para impresionar a los más pequeños. Entre los diseñadores y todos cuantos reinan en este ámbito puede desarrollarse una lucha feroz de humillación y de jerarquía, la cual no atañe a los "sin grado". Una gran figura de este universo a la que se preguntó qué regla había regido su comportamiento, respondió con las siguientes palabras: "soy extraordinariamente esnob". Un personaje proustiano puede trabajar junto a un inmigrante reciente, quien no le hará sombra. En este sector las fiestas son numerosas y permiten a las gentes más heteróclitas comulgar en el seno de una celebración común. La costumbre quiere, especialmente, que el todo se sume a la parte que observa una fiesta particular, desde la Catherinette (fiesta de los solteros, pero también de las modistas, donde cada una se pone un sombrero), hasta el Ramadán o el Yom Kippour.

En este universo aparte, no ser igual a los demás representa una ventaja. "Los elementos sociales convergen a veces de la mejor manera, como pasa en los ejes del ojo, hacia un punto alejado",[17] apuntaba Simmel para explicar el papel de los "extranjeros" en el mundo de la moda. Si la mayoría de los creadores no temen hacer tambalear los códigos de lo conveniente, es porque los ignoran. Antes de ser abandonado, el barrio del Sentier de París, lugar emblemático de la confección textil, fue ridiculizado por su mal gusto y su pasión por lo hortera. En este universo abigarrado se encontraba toda la energía desordenada que los extranjeros podían desplegar para apoderarse de los símbolos de la sociedad que les acogía. En Estados Unidos esta torpeza se ha convertido en un estilo, el *ghetto fabulous* donde la vulgaridad no es padecida, sino asumida y empujada hasta el paroxismo. Y, además, este estilo es difundido: el *camp*, ese kitsch homosexual alabado por la escritora Susan Sontag, se ha convertido en popular mucho más allá de los límites de la comunidad gay. Muchas marcas prestigiosas se han inspirado en esta tendencia, como por ejemplo Versace, Dolce & Gabanna o Galliano, en sus colecciones personales. Hoy en día esta tendencia está muy asumida, como explica Jean-Paul Gaultier: "Adoro el rubio, pero, sobre todo, adoro el falso rubio teñido. Originalmente, mi pelo es más bien castaño, Madonna es morena, Steevy es moreno, y Loana y Silvie son castañas oscuras... Su rubio no es una casualidad: las convierte en personajes. En definitiva, yo defiendo todo lo que sea falso y exagerado. En mis desfiles, por ejemplo, hay morenas muy morenas, rubias muy rubias y gordas muy gordas. No soporto las medias tintas".[18] Tal y como hace Jean-Paul Gaultier, un creador de moda es un especialista en la diferencia, susceptible de traducirla mediante un tejido. Es por eso, en este mundo, la alteridad se lleva tan bien.

En la actualidad, la actitud de la sociedad frente a la alteridad ha evolucionado. La intolerancia ante la diferencia subsiste, por supuesto, pero debe mostrarse más discreta. La homofobia disminuye, formando parte de los discursos más reaccionarios.

17. Georg Simmel, *Filosofía del dinero*, Instituto de Estudios Políticos, Madrid, 1977.
18. *Citizen K*, nº 21, invierno 2001-2002.

Además, la alteridad del modisto tiene ahora nuevos rostros, como por ejemplo el de Mohamed Dia, un joven diseñador de Sarcelles, que gozó algún tiempo de un éxito planetario. En 2001, a la edad de veintisiete años, llegó a firmar un contrato con la NBA (National Basket-ball Association), a pesar de la gran competencia de marcas deportivas mucho más poderosas que la suya. Este hecho le convirtió en símbolo del "orgullo rap": su nombre disfrutaría en adelante de una gran notoriedad entre los jóvenes. La popularidad de sus vestidos en Estados Unidos ha firmado definitivamente su éxito. Ocurra lo que ocurra, Mohamed Dia encarna un nuevo tipo de creador. Junto con el cantante de los Fugees, Wyclef, ha lanzado recientemente una línea bautizada "Dia Refugee", dando a entender que la moda representa un refugio.

El creador *superstar*

Si para muchos franceses Mohamed Dia es ya un nombre conocido, quizá pronto se convierta en personaje de la *people*, como Tom Ford (desde hace poco, antiguo director artístico de Gucci) o John Galliano (el artífice del retorno de Dior a la escena de la moda). Evidentemente, cada uno de estos tres individuos tiene su propio estilo, y las marcas para las que trabajan tienen poco que ver entre ellas. Pero, como sucede en el mundo del cine, la moda tiene su Olimpo, donde se reúnen creadores provenientes de todos los horizontes. Para ser admitido en este club tan sólo hace falta ser una estrella tal y como describe Edgar Morin[19] este término: a la vez próxima y lejana, la estrella vive en el mismo planeta que nosotros, pero lleva otra existencia. El creador de moda se ha convertido en un personaje irreal, a medio camino entre la realidad y la ficción.

Cada semana, las revistas hablan de estos personajes, que nos resultan más familiares, y en todo caso más queridos, que

19. Edgar Morin, *Les Stars*, Éditions du Seuil, París, 1972. [Versión castellana: *Las stars. Servidumbres y mitos*, Dopesa, Barcelona, 1972].

nuestros vecinos. Entre estos privilegiados cada uno goza de una personalidad propia: John Galliano nos sorprende con sus trajes, Karl Lagerfeld ha adelgazado, Stella Mac Cartney es una auténtica hija de una estrella del pop, Tom Ford se pasea con sus camisas negras desabrochadas y con su mirada abrasadora. En las últimas páginas de algunas revistas nos los muestran en lo que nos imaginamos es su cotidianidad, sorprendidos en la intimidad en rúbricas tituladas, por gusto de la lítote, "Gente". Porque estos personajes no son gente, al menos gente como nosotros, y por esto los contemplamos. Su vida se compone de fantásticas amistades –Madonna adora a Stella, que le demuestra igual devoción–, fiestas desenfrenadas –"si se baila, es durante toda la noche"–, donde los unos y los otros juegan al papel de amigos-amantes, se lían entre ellos, se besan, cuando nosotros nos consideraríamos afortunados simplemente por estrecharles la mano. La *dolce vita* es su rutina, una vida repleta de fiestas míticas dadas en honor de un perfume o del cumpleaños de uno de ellos.

El creador coge el avión sin motivo, o, más concretamente, por ningún motivo en particular. Como John Galliano, va a la búsqueda de inspiración a la India o China; como Alber Elbaz, director artístico de Lanvin, es de origen americano-israelita; o, como Tom Ford, vive con su pareja en París, pero va a menudo a Londres y tiene un rancho en Texas. Una vida sin fronteras, lúdica. No es que los creadores produzcan *a pesar* de asistir a las fiestas: su trabajo consiste también en esas fiestas. Dos veces al año, este *star system* vive su apoteosis en el momento de los desfiles, pero ni siquiera eso se parece a nuestro trabajo. En el curso de estos actos, ellos ponen su título en juego y asistimos, junto a ellos, a ese instante dramático donde se sabrá si el modisto ha dado o no lo mejor de sí mismo: "el mejor Gaultier", "un Galliano sorprendente", o bien nada, el silencio; la peor de las críticas es, a menudo, la ausencia de comentarios.

Los desfiles son en el mundo de la moda lo que los invernaderos a las plantas exóticas. Una verdadera atmósfera, a escala reducida, creada para que convivan únicamente actores y un número muy reducido de espectadores. Para empezar, los periodistas de todas las nacionalidades, después los profesionales, los compradores de grandes almacenes americanos o ingleses, las estrellas del mundo del cine, el ricachón y los magnates, algunos oligarcas, otros aduladores y las buenas clientas. Toda esta gente guapa toma asiento de manera muy sutil. A pesar de que reina la mayor confusión, de que los desfiles empiezan con más de una hora de retraso, cada invitado es situado *donde se merece*. De esta manera, cada uno recuerda su rango, puesto que fuera, en la sociedad democrática, los rangos ya no existen. El desfile es una de las últimas ocasiones que quedan para mostrarnos lo que *de verdad valemos*. ¿No es normal? En esta industria, donde lo que se vende es distinción, es comprensible que lo que primero se busque sea distinguirse uno mismo.

El éxito de un desfile se pone en juego sobre el podio, el *catwalk*, pero también a su alrededor. Veinticinco, cincuenta conjuntos avanzan, las "salidas", llevados por modelos pagadas para no sonreír a los fotógrafos que las ametrallan. Sobre el podio lo más conveniente es tener aspecto de cansado. Bajo el podio, también. ¿Se imaginan a la Bégum o a cualquier otra princesa hindú feliz o con aire alegre? Y, además, tal vez sea muy desagradable deambular, a veces semidesnuda, bajo la constante luz deslumbrante de la selva de objetivos que te observan, sin que jamás les veas los ojos y sin que nunca sepas qué es lo que miran. Acabado el desfile, el creador aparece acompañando la última salida, el vestido de novia, siguiéndola a paso ligero, como para recuperar el tiempo perdido. Se aplaude y las miradas se dirigen a los sentados en las primeras filas. En la época de Yves Saint Laurent estaba Catherine Deneuve, "Belle de jour". ¿Cuál de los dos honraba al otro con su presencia? El poder de las *stars*, no se comparte, se suma. Los medios, las televisiones, las revistas, relatarán especialmente para nosotros este acontecimiento. Sólo los cascarrabias pondrán mala cara, víctimas del "síndrome Saint-Tropez", esa inclinación de quienes no han sido tenidos en cuenta a denigrar los acontecimientos a los que no han sido invitados.

El creador ofrece toda esta ceremonia a un ídolo de granito, que le supera y a la vez le da la vida: la marca. La pareja formada por el creador y la marca no era más que una posibilidad entre las muchas que ofrecía el mundo de la moda, pero no estaba necesariamente inscrita en la naturaleza de la industria de las tendencias. Podrían haber estado trabajando personas anónimas para las marcas, artesanos honestos que distribuyeran sus vestidos mediante los confeccionistas. Pero la suerte ha decidido de otra manera: el creador y la marca participarán, en adelante, en la misma aventura. Son, en palabras de Edgar Morin, "raros como el oro e indispensables como el pan". Dotan a sus creaciones –ropa, accesorios o perfumes– de un "valor mágico o místico [por el que pueden ser] vendidos a precios que sobrepasan con mucho su coste de producción".[20] Tanto el creador como la marca son invenciones modernas, mantenidas por el sistema productivo, una auténtica máquina de fabricar, mantener y exaltar a las estrellas. Hoy en día, el artesano, la estrella, el artista y el hombre de negocios coexisten, a menudo, en una misma persona: el modisto.

La fascinación por el artista

Calificar al modisto de artista y a la moda como una forma de arte incita inevitablemente a la polémica. Los argumentos son muy conocidos: comparar un vestido con un cuadro supondría una tentación demagógica, por la cual todo tipo de expresión popular podría considerarse como arte. En el mejor de los casos, se concede a la creación textil el estatus de arte menor.

Problema: este arte menor se honra en los museos mayores. Socialmente, se convierte en lo mismo que las formas artísticas más legitimadas. Por ello, el museo Guggenheim de Nueva York y más tarde el de Bilbao, acogieron en el año 2000 una exposición conmemorando los veinticinco años de creación

---

20. *Ibíd.*, p. 102.

de Giorgio Armani. Caso probablemente único de un artista –o supuesto como tal– mecenas de sí mismo, que no duda en financiar una manifestación que le consagra. Hubo una gran polémica cuestionando la admisión de este modisto, que ha hecho de su nombre una gran marca y la ha situado en el seno de una prestigiosa institución cultural. Y mientras se lamentaba o se aplaudía esta iniciativa, el público votó con sus propios pies: la exposición, con más de 300.000 visitantes, batió todos los récords de asistencia en Nueva York.[21]

Parte de la controversia proviene de la mezcla de géneros. Es imposible negar la vocación comercial de la creación en el vestir. Pero, hoy en día, la opinión pública tiene muy asumida esta asociación. Como ha subrayado de manera muy convincente Pierre-Michel Menger,[22] el arte y el artista ya no se oponen al capitalismo, sino que, al contrario, encarnan para la sociedad un "continente modelo" por su principio de innovación y, para el individuo cargado de tareas repetitivas, una alternativa a un trabajo percibido a menudo como alienante. Desde este punto de vista, el trabajo del creador de moda encarna un ideal, puesto que representa una manera excelente de sacar provecho de las contradicciones propias del capitalismo. Su personaje contrasta con el del artista maldito, genio precario, siempre a la espera del reconocimiento de su arte. Todos los jóvenes modistos –Yves Saint Laurent ayer, Alexander McQueen y John Galliano hoy– quieren que su talento se celebre, con remuneraciones que no tienen nada que envidiar a las de los grandes empresarios. Tom Ford tiene en su poder, como cualquier directivo de Microsoft, *stocks-options*. En cambio, su trabajo, aquello en lo que invierte su tiempo, en una palabra, su vida, hace soñar a los demás infinitamente más que el de un responsable de una gran empresa. A estos jóvenes se les paga para que innoven; sacando partido, tanto en sentido literal como figurado, de la plusvalía de su originalidad. Han aprendido a conju-

21. *Le Monde*, 19 de mayo de 2001.
22. Pierre-Michel Menger, *Portrait de l'artiste en travailleur*, Éditions du Seuil, París, 2002.

gar los imperativos de la rentabilidad con su propia inventiva, no para exonerarse, sino para satisfacerlos mejor. El *marketing* o el mercado no son, para nada, un freno o una contradicción para Galliano, sino más bien todo lo contrario, como ha afirmado él mismo en diversas ocasiones, es *part of the job*, forma parte de su trabajo. Desde su punto de vista, igual que desde el de sus colegas de profesión, el mercado representa un legítimo tribunal. Yves Saint Laurent era un modisto, un creador, un diseñador. Tom Ford rechaza todos estos calificativos y se presenta a sí mismo como director artístico, asumiendo, sin remordimientos, su sentido comercial: "Soy un cínico. No un artista. [...] lo que me pregunto es si eso se venderá. [...] Lo que quiero y puedo hacer es vender. Soy más bien una especie de artista comercial, pero no un creador".[23] Su trabajo consiste en conservar el activo que representa la marca. ¿Lo calificaríamos de *control freak* (maniático del control)? Él mismo lo confirma: "Nací viejo, ambicioso, tirano".[24] Sin embargo, confiesa controlarlo todo al detalle y nadie le toma por un capataz, más bien le describen como un creador exigente.

Todos estos creadores reciben una sustanciosa remuneración por su trabajo. Pero añadiremos algo para justificar este trato de favor: "*pay hard, play hard*" es la divisa que rige su existencia: "trabajar mucho, recibir mucho". Antes se insistía sobre su imaginación, su creatividad; de ahora en adelante lo que más cuenta es su profesionalidad. Los modistos son, ante todo, grandes profesionales, aunque esta palabra no suene suficientemente exótica en el contexto en el que nos movemos. En el mundo del *showbusiness* ¿cuántas veces hemos oído decir que sus estrellas se consagran a nosotros para entretenernos...? Pero, a diferencia de los trabajadores ordinarios, estas *stars* se evaden, tal y como lo había profetizado Marx, del trabajo alienado: cuando más trabajan, más libres son. A medida que van creando su colección, estos creadores dejan de ser ellos mismos para desplegar, en su espacio de libertad, las fuerzas que

23. *L'Express*, 1 de marzo de 2001, p. 20.
24. *Elle*, 5 de julio de 1999.

les convierten en seres humanos. "Trabajo en lo que creo y lo vivo como una realización", explica John Galliano.[25]

No obstante, la mayor parte de estos creadores tienen jefes y accionistas. Un dirigente puede gobernarlo todo, controlar mil ratios, pero no sabría manejar el genio creador de un diseñador. En cada colección los creadores muestran que siguen siendo seres libres. Mediante la provocación, a estas alturas ya muy familiar –el desfile SDF de Galliano para Dior, o el porno-chic de Gucci–, dan la impresión de subvertir desde dentro el capitalismo. A ciertos directivos se les impone el uso de la corbata, a Alexander McQueen no se le puede pedir que acabe con sus extravagancias y sus locuras, incluso cuando se convierta en el director artístico de Givenchy, la casa más emblemática del chic francés. Cuando todo el mundo se escandaliza por la colección *clochard*[26] de Galliano, él responde que no tiene nada que ver con la política: "¡soy un diseñador de ropa, *darling*! [...] Mi colección de *clochards* [...] es la más bonita que he hecho. Y aún no entiendo el escándalo que ha provocado".[27] Ningún conflicto separa al accionista de su diseñador, puesto que en este sector la provocación es un don, no una experiencia de los límites. Prueba de ello es que el grupo LVMH intentó, de todas las maneras posibles, retener a Alexander McQueen, pero éste se pasó al grupo de la competencia. Por esta razón, las transgresiones de John Galliano, muy lejos de debilitar el vínculo que le une a su más que adecuado presidente, Bernard Arnault, contribuyen, al contrario, a reforzarlo. A través de estos *happenings* de la alta costura, aparentemente desconectados de toda ambición comercial inmediata, los creadores retoman la noción de *l'art pour l'art,* el arte por el arte. Un desfile no pretende vender: todo el mundo sabe que el déficit es la única esperanza de la alta costura. Estos desfiles espectaculares –en los que ningún modelo podría llevarse en la vida real, ni venderse– recuerdan las fiestas de Luis XIV, en las que el grado de gastos ostentosos determinaba,

25. *L'Express*, 2 de enero de 2003.
26. Vagabundo (N.T.).
27. *L'Express*, 2 de enero de 2003.

en última instancia, la calidad del espectáculo. Y es que este arte sabe divertir. Estos ritos agonizantes que son los desfiles, cuyas cifras no sólo se nos comunican sino a veces nos martillean, distraen hasta a las almas que están de vuelta de todo.

Sin embargo, un desfile sirve para vender. Si la moda es un arte, entonces es, como la fotografía o el cine, un arte reproductible. La multiplicación de las obras no disminuye el valor de cada una de ellas. Como en el milagro de la transustanciación, cada prenda de una colección conserva el aura de su creador. Bajo estas circunstancias, comparar a un modisto con un artista es posible, no sin antes hacer hincapié en ciertas precauciones oratorias como las del presidente de Hermès, Jean-Louis Dumas: "Si no temiera parecer pretencioso, nos compararía con un pintor. No se dice que Picasso marcó un cuadro. Lo firmó. Nosotros compartimos esta noción de dignidad de la obra".[28]

Pero no es evidente calificar de obra de arte un objeto reproducible. Esta cuestión, planteada por Walter Benjamin[29] con respecto a la fotografía y el cine, es perfectamente aplicable a la moda. Según Benjamin, las evoluciones sociales y técnicas modifican necesariamente nuestra concepción de arte. En adelante, escribe Benjamin, no importa qué sonido o imagen son susceptibles de reproducirse y difundirse en el mundo entero. Esta posibilidad corresponde, por otro lado, a una voluntad de "poseer el objeto lo más cerca posible [...] mediante su reproducción".[30] Una civilización de masas es evidentemente reacia al elitismo del objeto único. En estas condiciones, el aura de la obra de arte se debilita. Un cuadro del que exista un solo ejemplar será menos accesible, en todos los sentidos del término, que una fotografía o una película.

---

28. Entrevista con Jean-Louis Dumas, *Analyse financière,* marzo de 1997, nº 110, p. 10.
29. Walter Benjamin, "La obra de arte en la época de su reproductibilidad técnica", en: *Sobre la fotografía,* Pre-textos, Valencia, 2004. Ver también para este tema Yves Michaud, *La crise de l'art contemporain,* PUF, París, 1997.
30. Walter Benjamin, *ibíd.*

El diagnóstico de Benjamin es pesimista. Según él, las obras de arte contemporáneas tendrían un aura muy difusa comparada con la de las obras de arte precedentes. El arte ha cambiado de función: aporta al hombre la estética de la distracción, admirablemente concentrada en la obra de Warhol, tan popular en el mundo de la moda. En este contexto, disminuye la distancia que separa una obra de arte moderna de una creación textil. La relación con una película no es más religiosa que la que podamos tener con un vestido: nos procuran un cierto placer y apreciarlos no requiere demasiada atención. Por otro lado, estos dos objetos son concebidos de la misma forma. Los medios invertidos en fabricarlos no son a priori accesibles a un particular, a no ser que sea un afortunado. Casi todo el mundo ha soñado en comprar una película para uso propio; de la misma manera, la adquisición de un perfume inédito requiere una inversión imposible de soportar por un particular. En repuesta a las nuevas necesidades de la sociedad de masas, la moda se ha organizado para satisfacer los deseos de las personas, prodigando un poco de esta aura debilitada en cada una de sus creaciones. En este mecanismo reside la noción de licencia: un modisto se aprovecha de su fama para firmar un producto que no ha creado, o simplemente para alquilar su nombre. Y el descubrimiento de esta operación mágica, por la que un producto anodino puede cobrar valor gracias a un acto de bautismo, ha trastornado por completo el mundo de la moda.

Alquilar el nombre, la invención de la licencia

La idea de asociar una persona a una marca y colocar después esta marca sobre productos de lo más diverso ha transformado profundamente las casas de costura. Fue Gabrielle Chanel quien tuvo primero plena conciencia de las posibilidades que se le abrían gracias a su fama. Fue también la primera en imponer un perfume propio en el mundo de la moda.

A diferencia de sus predecesores, Chanel afrontó el perfume como un verdadero producto. Poiret ya había lanzado sus "Parfums de Rosine", pero nunca alcanzaron las ventas de los productos de perfumería auténtica, como los de Coty o Guerlain. El Nº5 de Chanel es, al contrario, un caso inédito, puesto que hasta la fecha sigue estando a la cabeza de las ventas mundiales.[31] Para crear este perfume Chanel encarga a un especialista cinco muestras –su manía por las cifras– pidiendo que cada una sea "un perfume de mujer que huela a mujer". El resultado es profundamente innovador: el Nº5, tal y como lo llamó la misma Chanel en su lanzamiento, en 1921, es el primer perfume que mezcla aldehídos y aromas naturales. Los aldehídos son unos componentes sintéticos, descubiertos a principios del siglo XX, que permiten exaltar las notas florales y proporcionar sensaciones olfativas inéditas. La fragancia del Nº5 es a la vez fuerte y disonante, y abre la moda de los aldehídos grasos como el chipre. Lanvin la seguirá con la fragancia Arpège, después será Chamade de Guerlain, Calandre de Paco Rabanne y Rive Gauche de Yves Saint Laurent. Para dar valor al producto, Chanel decide encerrarlo en un frasco de forma simple y evocadora: el tapón, visto desde arriba, tiene la forma de la plaza Vendôme.

Sin embargo, el verdadero vendedor de aura será Christian Dior. Aparece como el que ha revolucionado la manera de sacar provecho a una marca de moda. Con su gran sentido del territorio, presintió la formidable renta que se podía obtener de un nombre tan conocido como el suyo. Terriblemente ansioso, Dior pensó que se trataba de una precaución indispensable, sin imaginar que se pudiese llegar a depender exclusivamente de las tendencias para subsistir. Y confesó sin miramientos: "la moda, ya saben: ¡un día el éxito y al día siguiente el descenso a los infiernos! [...] ¡Saben que todo lo que tenga que ver con el comer me interesa! Conozco un montón de recetas y un día, nunca se sabe, podría necesitarlas. ¿Quién sabe? ¿Jamón Dior? ¿Rosbif Dior?".[32]

---

31. En el primer semestre de 2002, el Nº5 era el segundo perfume femenino en Francia (después de Angel de Thierry Mugler).
32. Citado por Marie-France Pochna, *Christian Dior, op. cit.*, p. 264.

No le hizo falta lanzarse al negocio de la alimentación, la moda y los accesorios ya le ofrecieron un campo de expresión suficientemente amplio. Todo empezó en 1948, con el fabricante de medias Prestige, quien le pidió su nombre para producir y distribuir sus artículos para el mercado americano. Entonces le propuso 10.000 dólares de la época, una suma considerable en tiempo de posguerra. Dior tuvo el atrevimiento de rechazar la oferta y a cambio pidió, y obtuvo, un porcentaje sobre las ganancias. El sistema de licencias acababa de nacer. A finales de la década de los ochenta, Dior tenía más de doscientas licencias, y el tipo de productos recordaban a los de un gran bazar. Hasta existía una licencia de zapatillas Dior, hechas con Aris Isotoner. Algunas de estas licencias aumentaban anualmente hasta un 25 %, y todo con un gran secretismo... A decir verdad, en la casa Dior nadie se lo explicaba.

Esta invención decisiva para la economía de la moda no fue obra de Christian Dior exclusivamente. Su director general, Jacques Rouët, trabajó muy duro para situar la marca Dior en el mercado, multiplicando los contratos de este tipo. Por otro lado, esta invención también fue modelada por Henri Fayol, principal colaborador de Marcel Boussac, quien entonces dirigía un gigantesco imperio textil. Fayol tenía un padre famoso por sus teorías audaces, destinadas a racionalizar los modos de gestión de las empresas francesas. Todo hace creer que Henri Fayol percibió, mucho mejor que su jefe, cuáles eran las fuentes de beneficio que podían extraerse de una marca como Dior. Desde este punto de vista, este hombre contratado para combatir los arcaísmos del imperio Boussac, consiguió su propósito.

Después de Dior todos los grandes nombres del mundo de la moda utilizarían el sistema de licencias. Los objetos más improbables se beneficiaron del prestigio de los grandes modistos. Pierre Cardin, quien llevó este sistema hasta su paroxismo, ha *firmado* chocolate, bidés, encendedores, etc. Hoy en día, como veremos, la gestión racional de una marca de moda exige retomar las licencias para controlar mejor la utilización del nombre. Pero el principio sigue siendo el mismo: favorecer a los objetos más diversos con un aura transformada en renta. Desde este punto de vista, las marcas del mundo de la moda representan un caso único y extremo. Una empresa puede firmar con su nombre productos muy alejados de su línea de producción original, pero ninguna empresa podrá competir en este dominio con una marca de moda. Y es que pocos nombres estimulan más la imaginación de la gente que el de un modisto. Por más que fuera poco hábil, Dior se convirtió, gracias al New Look impuesto por él, en una verdadera estrella. Aunque huía de los micrófonos y las cámaras, su nombre se mencionaba en la prensa americana entre 1.200 y 1.400 veces al mes, en los años 1947 a 1949. Cuando llegó a Nueva York, recibió una acogida comparable a la de Churchill. Cocteau, viejo amigo suyo, también acabó gozando de una gran popularidad. Y por lo que respecta a los industriales americanos, esperaban decididos a Dior, puesto que ya habían comprendido que una fama tal no tenía precio.

2. El milagro de la marca

Primero fue creado el creador, después el creador inventó la marca. Aparentemente, las marcas han superado las modas. Hace más de medio siglo que son los mismos: Dior, Gucci, Chanel y otros Lanvin. Todo pasa, todo cansa, excepto las marcas, piensan los más optimistas. Sin embargo, gran cantidad de marcas hoy ya no existen: Jacques Estérel, Christine Bailly, Poiret... pertenecen a la historia de la moda desde hace tiempo. Año tras año, muchas otras marcas se aprestan a seguirlas... Estando a la moda, y siendo además su motor, las marcas se han expuesto al caos de las tendencias. Un día se las considera *in*, al día siguiente están *out*: prácticamente ninguna marca escapa a este ciclo. Esta situación de incertidumbre requiere de mucha habilidad, tanto en la creación como en la gestión. Después de la época dorada de los pioneros, de Dior y de las primeras licencias, ha llegado el tiempo de los profesionales y del sistema de la marca. Su objetivo es simple: sobrevivir a las modas.

Un capitalismo cosido con hilo blanco

Los empresarios han comprendido muy rápido lo interesante que resulta el universo de las tendencias. Por ello, el modisto no está solo hoy en día: a su lado encontramos siempre a uno o más gestores para asistirle en la dirección de sus negocios.

El descubrimiento de Eldorado de la moda por parte de los financieros es muy reciente. Antes, para los empresarios de la industria este sector representaba como mucho un pasatiempo. Boussac conocía el sector porque producía tejido, pero le aburría. Hasta que decidió lanzar a Christian Dior y, finalmente, lo consiguió. A pesar de ello, esta actividad no le apasionaba demasiado. Boussac y Dior sólo se cruzaron una sola vez. Suficiente para que se asociaran, suficiente también para comprobar que no pertenecían al mismo mundo y que ninguno de los dos tenía intención de visitar el del otro. Boussac, que entonces era el hombre más poderoso de Francia, pensaba que su reputación y su credibilidad se verían seriamente perjudicadas si alguien le viera asistir a un desfile de moda, por lo que enviaba siempre a su mujer. Actualmente pocas cosas son más serias que la presentación de una colección. ¿Se imaginan un desfile de la marca Dior sin la presencia de Bernard Arnault, propietario de la marca? En el mundo de los negocios, asociarse con un creador de moda, sobre todo si se trata de alguien alocado con costumbres problemáticas, es más que un honor: es una suerte. Las marcas de moda son un triunfo; el imperio Boussac, con sus decenas de fábricas y millares de empleados, no es más que un recuerdo. En nuestros días, ya no se fabrica, se firma. O, dicho de otro modo, se subcontrata la producción.

Boussac producía y vendía sus propios tejidos: los nuevos magnates de la moda se contentan con ser propietarios de las marcas. Hombres como Luciano Benetton, Amancio Ortega (Zara) o François Pinault (propietario de Gucci) han hecho su fortuna gracias a sus marcas; las Bolsas del mundo entero han aplaudido sus hazañas. Nuestra era ha acogido de la misma manera las dobles personalidades, modistos y hombres de negocios al mismo tiempo, como es el caso de Ralph Lauren o Giorgio Armani. A este último le sobra la ironía: no dudó en bautizar una de sus líneas de prêt-à-porter Emporio Armani. El imperio va bien: en Milán, el diseñador hizo construir para su empresa –aunque su empresa sea él–, una sede inaudita, un fabuloso teatro remodelado por el arquitecto Tadao Ando. Hoy septuagenario, Giorgio Armani se parece a Adriano, el emperador de la leyenda de Yourcenar. "Me sentía responsable de la belleza del mundo", confesaba Adriano... En sus más de 3.400 m^2 donde se juntan el agua, el cristal, el hormigón y el mármol del siglo XXI, Armani probablemente medita el carácter único de su destino. Jamás ningún monarca había reinado en el reino de las telas. En 2002, Armani fue, una vez más, el primer contribuyente de Italia.

Pero el dinero no lo es todo. La generación que preside actualmente el destino de las marcas de moda se distingue de la anterior más por su mentalidad y sus técnicas, que por su patrimonio. El paso de una generación a la otra condensa la transición del pre-capitalismo al capitalismo descrita por el sociólogo Max Weber. En su célebre tesis, Weber subrayó las afinidades electivas del espíritu capitalista, obstinado en el trabajo y ávido de ganancias, y de la ética protestante, puritana y ascética. Para Weber, los capitalistas utilizan el sentido común en los negocios porque para ellos es la demostración de su elección como afortunados en el mundo futuro. Poco importa que los hombres de LVMH o PPR sean o no creyentes; para ellos, su trabajo y las marcas que dirigen forman parte de lo sagrado. Sus maniobras están bien calculadas: aspiran a maximizar el valor de las empresas que les contratan, más que a mantener un espectacular tren de vida.

Maurizio Gucci, siguiendo un modelo totalmente contrario en los años sesenta, entendió sobre todo la palabra gasto. ¿Para qué ganar tanto dinero, se preguntaba, si no puedes luego derrocharlo de manera ostentosa? El placer, según él, tenía que buscarse aquí, en la tierra. Maurizio Gucci es también un precapitalista, un aventurero dotado de un sentido comercial conquistador, impulsado por su tendencia a la diversión. A los grandes grupos como LVMH y PPR no les gusta nada este tipo de hombre y se han empleado a fondo para reemplazarlo. De esta manera, Bernard Arnault recuerda por el contrario el modelo Benjamin Franklin, fundador del capitalismo moderno, símbolo del ascetismo puritano. Los relatos de la vida de Arnault, críticos o hagiógraficos, insisten en su concepción del trabajo como un deber. Puede imaginarse fácilmente que el trabajo constituye para él "la forma más alta que puede representar la actividad moral", según la expresión de Weber[33]. Cada día, el director de LVMH se somete a la "obligación de ganar dinero, cada vez más dinero, desterrando severamente todo placer inmediato".[34] Bernard Arnault se acuesta pron-

33. Max Weber, *La ética protestante y el espíritu del capitalismo*, Península, Barcelona, 1973.
34. *Ibíd.*

to, habla poco, le gustan la música clásica y el deporte. Su educación le ha enseñado, como él mismo cuenta, los "principios de la vida equilibrada, ordenada, en la que cabe todo pero en la que se intenta apreciar lo esencial".[35] Esta confidencia es suficiente para medir la distancia que separa un Gucci de un Arnault.

Desde hace tiempo, los Maurizio Gucci escasean; pocos son los que mueven los hilos del mundo de la moda. Philip Green, decimotercera fortuna inglesa, es uno de los últimos aventureros en activo. En el año 2003 todavía dirigía Arcadia OLC, uno de los primeros grupos de moda británicos, propietario de algunas de las marcas más populares del Reino Unido: Principles, Evans, Miss Selfridge, Topshop, etc. Contrariamente a los financieros que pueblan el universo de las firmas de moda, este pequeño hombre rechoncho, que culpa de su exceso de peso a la ansiedad, nunca ha buscado ser respetable. Como para muchos otros creadores de los que ya hemos hablado, para Green la moda ha sido una forma de venganza social por una infancia modesta. Al revés de Bernard Arnault, no pretende construirse un imperio, sino una fortuna. Su vida es un continuo de subidas y bajadas, como se dice en el argot de la Bolsa, de empresas de las que se apropia para revenderlas meses más tarde. Su rutina está formada también de idas y venidas entre Londres (donde trabaja) y Mónaco (donde vive). El año pasado celebró sus cincuenta años en el Principado, gastándose para la ocasión más de siete millones y medio de dólares, invitando a la fiesta a Tom Jones, a Earth, Wind and Fire y a Rod Stewart, y evitando a toda costa que el acontecimiento pasara desapercibido.

En la gran época de las aventuras del mundo textil, Philip Green hubiera parecido un hombre cualquiera. Dirigir una empresa de moda significaba, por lo general, ser una personalidad pintoresca, instrumentalizar una supuesta incapacidad

---

35. Citado por Airy Routier, *L'ange exterminateur, la vraie vie de Bernard Arnault*, Albin Michel, París, 2003, p. 29.

por mantener la calma. Los Gucci, como decía uno de sus antiguos trabajadores, eran también "gente simple, increíblemente humanos, pero dotados de un espantoso carácter toscano".[36] Con la llegada de los financieros, la violencia será mucho más civilizada. El episodio bursátil en el que se enfrentaron los grupos PPR y LVMH en el año 2000, con objeto de conseguir el control de Gucci, dio lugar a toda clase de maniobras más o menos legales. Pero se trataba de artimañas retorcidas, inventadas por abogados y consultores, lógicas muy alejadas de las que normalmente empleaba la conocida familia florentina de la marroquinería. Desde este punto de vista, Gucci es un caso emblemático. La empresa ilustra esta ruptura provocada por la llegada de los financieros al mundo de la moda. Simultáneamente, el renacer de la marca Gucci, moribunda desde los años ochenta, ha revelado las grandes posibilidades que tiene este tipo de operación.

Gucci y la segunda vida de las marcas de moda

La renovación de Gucci marca un antes y un después en la existencia de las empresas dedicadas a la moda. Nunca antes una sociedad de este sector había caído tan bajo para llegar, más tarde, tan alto. Además, la historia de la doble G, emblema de la marca, simboliza las agitaciones que conmovieron este sector.

La saga Gucci no empieza en los años ochenta, sino en 1922, cuando Guccio Gucci (1881-1953) abre una marroquinería en Florencia. La leyenda afirma que Guccio tuvo una formación de guarnicionero y que los Gucci fueron los proveedores habituales del príncipe en la Edad Media. Pero la realidad resulta mucho más prosaica. Después de la muerte de su padre, el joven Guccio se fue de Italia con la intención de encontrar trabajo en Inglaterra. Empleado del hotel Savoy, descubre el

36. Sara Gay Forden, *The House of Gucci: A sensational story of murder, madness, glamour and greed*, Morrow, Nueva York, 2000.

mundo de aquellos que viajan y decide de regreso a su país natal, lanzarse al negocio de la fabricación de artículos de viaje. Después de unos difíciles comienzos, Guccio Gucci consigue hacer de su nombre una empresa que prospera, que se desarrolla según los principios más representativos del modelo italiano, común a Prada o Benetton: una gestión familiar, sea cual sea el tamaño de la empresa, y una estrecha colaboración con la red de subcontratación en Italia, situada normalmente en los alrededores de la sede principal. Así, antes de ser recomprada, la sociedad Gucci fue dirigida por tres generaciones que llevaban su nombre, participando en el negocio la comunidad familiar más extensa –hermanos, hermanas, primos–.

Imitando una práctica que empezaba a propagarse, Guccio Gucci abrió sucursales, primero en Roma y después en Milán. Al finalizar la guerra, en los años cincuenta, Aldo, uno de sus hijos, abrió una tienda en Nueva York, más tarde en Londres, Tokio, Hong Kong y, finalmente, en París. La firma encantaba a los famosos del momento. Uno de los modelos más emblemáticos de la marca, el 0063, apareció en 1957: era un bolso con un asa de bambú y estaba hecho en cuero negro, recordando a la silla de montar. Liz Taylor y Jackie Kennedy garantizaron su éxito exhibiéndolo en su brazo. Aldo hizo grandes esfuerzos para que el nombre Gucci se asociara siempre al de los famosos. Teniendo miles de pequeños detalles, siempre procuró que sus mocasines estuvieran en los pies de John Wayne o Jack Nicholson. Un descubrimiento muy ingenioso: en 1964 la casa sacó un pañuelo en honor de Grace Kelly, quien se vio obligada a aceptar el regalo... delante de los fotógrafos. El modelo arrasó.

A finales de los años setenta, Gucci era la encarnación del lujo italiano. Pero a lo largo de la década siguiente, la marca perdió buena parte de su lustre. Los optimistas habrían podido decir que la marca se estaba vulgarizando. En realidad, la situación era mucho más catastrófica. Más de 22.000 productos llevaban el emblema de la doble G, constituyendo una lista de lo más heterogénea: una botella de whisky, una línea de marroquinería rival, camisetas, llaveros...[37] De hecho, cada primo Gucci presente en el capital familiar –Roberto, Paolo o Maurizio– había creado un pequeño Gucci a su manera, lanzando artículos dispares o firmando licencias. Un día u otro tenía que desenredarse este caos familiar. La empresa abandonó su comunicación habitual para convertirse en un fascinante melodrama familiar, difundiéndose en el mundo entero. Los periódicos adoraban el espectáculo, sutil mezcla de tragedia griega y de *spaghetti western*. Como lo escribía en ese momento el *Daily Express*, "Gucci es una empresa que esconde millardos, y en la que reina más caos que en una pizzería romana". Una atracción inesperada.

Las luchas estaban a la altura del juego. Paolo se distinguió denunciando a su padre Aldo por fraude fiscal y después a sus dos hermanos. Aldo, de ochenta y un años, pasó un año en la cárcel. En junio de 1987, Maurizio (primo de Paolo), quien dirigía la empresa, abandonó precipitadamente Italia, por miedo a ir a la cárcel, pasando la frontera suiza en moto, en plena noche. Por esas fechas, dieciocho procesos que afectaban a la familia estaban en manos de tribunales del mundo entero. Finalmente, un último acto que roza lo sublime: Maurizio fue asesinado en 1995 por un sicario a sueldo, por encargo de su ex mujer, Patrizia, quien, desesperada por no poder recuperar a su marido, encontró al menos una manera de recuperar su fortuna.[38]

En el momento del asesinato de Maurizio, hacía ya seis años que la marca Gucci había sido comprada por Investcorp y, con la llegada de este grupo al capital, el reparto cambió. Hasta ese momento, la sociedad Gucci había estado dirigida por intuitivos, más que por gestores. Con mentalidad a corto plazo, firmaban cualquier producto, como si se tratase de simples falsificadores, y hacían la vista gorda en período de vacas flacas. Maurizio Gucci también actuaba de manera muy intuitiva.

---

37. Stéphane Marchand, *Les Guerres du luxe*, Fayard, París, 2001, p. 21.
38. Sara Gay Forden, *op. cit.*

Mucho más discreto que los otros miembros de su familia, sabía cómo mostrarse encantador. Consiguió convencer a Investcorp de que le dejara a la cabeza de la empresa después de la entrada del grupo en el capital, pero éste tardó poco en comprender el gran error que había cometido. Maurizio tomaba sus decisiones de manera brutal e impulsiva, desconcertando por completo a los gestores, acostumbrados a grandes planes estratégicos, muy elaborados y detallados. Durante muchos años, un buen olfato comercial bastaba para hacer funcionar una empresa. Pero en ese momento, Maurizio Gucci se vio incapaz de afrontar la crisis. ¿Estaba la marca Gucci tan perdida? Maurizio decidió parar de golpe la línea de bolsos de tela, la más alejada del espíritu marroquinero de Gucci, pero también la que daba más beneficios. En este mismo orden de cosas, decidió parar las ventas al por mayor para concentrar la distribución exclusivamente en tiendas propias. Elecciones que podrían haberse revelado rentables, pero que, entretanto, tuvieron un coste exorbitante para la empresa. Además, enfrentado a un aumento considerable de la publicidad, Gucci perdía mucho dinero. Hizo falta todo el poder de seducción de Maurizio Gucci para obtener la confianza de Investcorp. Pero todos los hombres de su especie acumulan leyendas que nos dicen mucho sobre su capacidad de persuasión. Cuando todo el mundo le creía increíblemente rico, Maurizio Gucci estaba arruinado, pero fue capaz de conseguir un préstamo de más de cinco millones de dólares, del director de Investcorp, Domenico de Sole.

Con la llegada al poder de este hombre calmado y ponderado, los métodos de gestión se revisaron radicalmente. Los financieros de Inverstcorp dieron la vuelta a la estrategia de la sociedad completamente, convenciendo a la familia Gucci de que supervisara la calidad de los productos para justificar los precios. Como a Guccio le gustaba decir, "la calidad dura mucho más tiempo, incluso cuando ya hemos olvidado el precio". Los financieros no habían comprado ninguna máquina industrial: les importaba muy poco que la firma hiciera uso de una fuente de subcontratados florentinos y en materia de estilo, apenas tenían opiniones precisas. En cambio, querían dar rentabilidad a su inversión y aprovecharse del activo que representaba la marca. Además, velaban más que la propia familia Gucci por la coherencia de los objetos marcados por la doble G. Sin estar todavía al límite, y con mucho sentido común, prefirieron limpiar la firma antes que ver deteriorada su imagen. Su intención era conciliar diferentes imperativos estratégicos: a corto plazo, subsanar las pérdidas, y a medio plazo, hacer de la marca una eficaz y gran baza comercial, para poder revenderlo todo a un industrial o al mercado. Desde el momento en que tomaron el poder, deseaban repetir la operación que habían llevado a cabo, entre 1984 y 1987, con el joyero americano Tiffany: comprar la empresa, ponerla a flote y revenderla, una operación que supuso unas ganancias sobre la inversión inicial de un 174 % anual. Fue este caso el que les condujo a realizar una operación de *turnaround* (retorno) sobre una marca de moda. El proyecto era original: existían pocos precedentes en los que el principal interés de una operación residiera en el potencial de una marca.

De esta manera, Domenico de Sole, ahora ya ex presidente del Gucci Group, ha contribuido enormemente a la renovación de la marca Gucci. Pero más aún que la administración de la sociedad, es el tándem que constituyó con el creador Tom Ford, que es hoy en día emblemático, encarnando el modelo ideal de una época que sueña con artistas gestores y con estrellas creativas. El renacimiento de la marca de la doble G es, en efecto, indisociable de la llegada de Tom Ford a la dirección artística de la firma. Este texano trastornó el estilo de la marca: todo lo que anteriormente llevaba el nombre Gucci era marrón, dulce y redondeado; con Ford, los productos Gucci se convirtieron en negros, duros y cuadrados.

Si hiciera falta una sola prueba del éxito conseguido por el modelo Tom Ford, sería la historia de Bally. El zapatero suizo, debido a su difícil situación financiera, fue comprado en el año 2001 por el Texas Pacific Group (TPG), un fondo de inversión que esperaba hacer el Gucci de los pobres. Imposible llevar a cabo tal estrategia sin un Tom Ford. En ese caso, la nueva dirección hizo milagros, puesto que consiguió un clon del director artístico de Gucci. Scott Fellows, contratado en abril de 2001, no es que se pareciera a Tom Ford: era Tom Ford. Físicamente, podían hasta confundirse. Por lo que respecta a todo lo demás, tenían la misma edad, venían ambos de Texas, habían empezado en una marroquinería italiana y conjugaban una práctica de la creación con un gran dominio del *marketing*. Perspicaz, el nuevo presidente de Bally comentaba la llegada de Scott Fellows con estas palabras: "Es el nuevo Tom Ford".[39] Sin embargo, existe una diferencia: la ambición de TPG era reconstruir una marca más accesible que Gucci. He aquí el por qué, de manera espectacular, Scott Fellows adaptó para un gran público, de entre 30 y 40 años, el discurso que Tom Ford reservaba para la *jet-set*. Evidentemente, la versión Bally era menos onírica: "Nosotros no somos artistas, sino creativos realistas. Llevamos vidas agradables, viajamos en *business*, frecuentamos ciertos hoteles, llevamos ropa adecuada, más chic que elegante, de buen corte, con detalles llamativos pero que no nos den un aire demasiado *trendy* o de ir estúpidamente a la moda".[40] Tanta sinceridad podía llegar a emocionar, pero parecía que no sería capaz de seducir. Más vale quitarse el pan de la boca por viajar en *first* con Tom, que ser razonable e ir en *business* con Scott. Mientras, este último insistía más en todas sus entrevistas: "Aquí no nos reivindicamos como 'moda' sino como tendencia. [...] Esto significa que queremos aportar un toque a la última al vestuario de los llamados *bobos* de 30 a 40 años. Y los zapatos, los bolsos y el prêt-à-porter de Bally son de una calidad irreprochable y están a precios razonables".[41] La tentativa de salvar la marca fracasó, Scott Fellows fue despedido en julio de 2002. Mientras tanto, el Texas Pacific Group había contratado a un nuevo presidente, proveniente de la casa Gucci. ¿De qué no seríamos capaces con tal de preservar la marca, ese activo precioso?

39. *Vogue Homme*, mayo de 2001, p. 105.
40. *Le Figaro*, 17 de abril de 2001.
41. *Ibíd.*

La marca, sueño del capitalismo

La marca encarna un objeto inédito para el capitalismo. Aparecida durante el siglo XIX, la marca se metamorfosea a lo largo del siglo XX. Antiguamente, muchos artesanos ya firmaban sus obras y algunos comerciantes tenían un sello distintivo. Pero todos presidían personalmente la producción de los objetos a los que prestaban su nombre. Si aceptaban utilizar su reputación, se debía a que eran especialistas en los productos en cuestión. Rompiendo con el sistema tradicional, el mundo de la moda radicalizó el sistema de la marca, edificando el "deseo de la renta". La economía comprende diferentes formas de activos susceptibles de enriquecer a sus propietarios mientras éstos duermen: la tierra, las acciones, el oro, etc. Además, existen diferentes tipos de riqueza inmaterial: un guión o una patente pueden procurar ganancias mucho después de su creación. Entre todos estos ejemplos, la idea de marca constituye el activo inmaterial más poderoso. Pocas ficciones o creaciones del imaginario pueden competir con esta renta creada, casi desde su inicio, por Coco Chanel y Christian Dior. Sin esta invención, casas tan prestigiosas como Dior o Yves Saint Laurent no hubieran podido financiar jamás su alta costura. En 1993, Saint Laurent perdía en esta actividad más de cinco millones de dólares al año, sustentándose únicamente gracias a las ganancias conseguidas por los perfumes.

Además, este sistema parecía casi ideal, al mismo tiempo sin riesgos y reproducible hasta el infinito. Sin riesgos, puesto que la empresa no soportaba ninguna de las consecuencias ligadas a la mala venta de las licencias. De hecho, la marca exigía unos mínimos garantizados que ganaba independientemente de si se vendía o no. E infinito, puesto que todo bien de consumo parecía susceptible de ser firmado. Como es sabido, Pierre Cardin fue el aventurero que exploró los límites de esta galaxia. A este ex ayudante de Dior, que poseía un verdadero talento de modisto; debemos algunas de las creaciones más originales de la era "espacial", desde el mono "cosmocorps" hasta su delirante casa de la Costa Azul, bautizada como el "Palacio de las burbujas". Sin embargo, lo que realmente ha contribuido a su fama son las más de 800 licencias en las que el creador ha aceptado ver impresas sus iniciales. Se atribuye a este hombre extrañamente modesto una frase que resume su destino: "Mi nombre es más importante que yo". Efectivamente, las siglas PC han adornado los objetos más inesperados: muebles, relojes, bisutería, chocolate, bidés, etc. Pierre Cardin pasará a la historia como el hombre que ha llevado hasta límites insospechados la explotación racional de una marca. Nuestros contemporáneos podrán reírse de este hombre octogenario, pero los productos firmados con su nombre siguen prosperando en los lugares más recónditos e impensados del globo, desde Asia central, hasta la India.

Pierre Cardin no es un teórico. No obstante, se dio cuenta enseguida de las ventajas que podía sacar de su popularidad como marca de moda. Se convirtió rápidamente en un industrial de la licencia, aplicando en el restaurante Maxim's las recetas que había experimentado en el mundo textil. A pesar de su *savoir faire,* comprobó las dificultades de rentabilizar la adquisición de este restaurante de lujo, famoso en todo el mundo. Le hizo falta multiplicar los restaurantes y bares de la marca y, sobre todo, firmar muchos productos para que la operación resultara rentable. Pero, de todos modos, el sector textil no es el único que monopoliza el mundo de las licencias, como atestiguan, por ejemplo, los perfumes de la marca Harley Davidson. A pesar de todo, la moda parece alimentar más que cualquier otro universo el imaginario necesario para transfigurar un objeto corriente.

Desde sus inicios hasta hoy, el sistema de las licencias ha probado su gran eficacia. La mayor parte de las marcas de moda han decidido concebir y comercializar muchos productos que llevan su nombre, aunque los objetos firmados se alejen mucho de su oficio original. Los marroquineros han propuesto su *prêt-à-porter*, las casas de alta costura comercializan accesorios, y muchas han firmado contratos para poder vender con su nombre perfumes, joyas, relojes u objetos para el servicio de la mesa. Evidentemente, todos citan a Cardin como ejemplo a no seguir. Pero siempre hay un Cardin en alguna parte: el llamado *brand stretching* (o diversificación de la marca) se ha convertido en el objetivo común de todas las marcas de moda. Tanto las firmas más prestigiosas como las más modestas se han sumado a esta estrategia.[42]

De hecho, las marcas tienden a multiplicar los tipos de productos sobre los que poner su nombre. Así, la variedad de objetos firmados por las casas más prestigiosas no tiene nada que envidiar a la practicada por Pierre Cardin, que provoca tantas risas. El logo de Gucci ha llegado a decorar una cama portátil de masajes, unas esposas, etc. Estos objetos son aparentemente heterogéneos, pero tienen un punto en común: carecen de cualquier utilidad, tienen precios desorbitados y no pueden convenir más que a individuos deseosos de hacer un gasto ostentoso. Para la casa Gucci estos artículos son puramente anecdóticos; existen a modo de guiño y así son tratados por las revistas. Lo esencial de los ingresos de una marca de moda proviene de las extensiones más tradicionales: desde la perfumería hasta la bisutería de fantasía. Para la marca de la doble G, igual que para otras muchas, los ingresos provenientes de la perfumería son muy superiores a los del *prêt-à-porter*. Armani representa la excepción a este respecto, puesto que se trata de una marca textil que en el año 2002 realizó más del 50 % de su facturación –un 51 % para ser exactos– gracias a su ropa.[43]

---

42. Un estudio muestra que la cifra de negocios de las marcas de costura, fuera de su actividad de origen, no permite distinguir las marcas fuertes de las demás. En 1994, marcas como Givenchy obtenían 4,25 veces más de beneficios fuera del terreno de la costura que dentro. Para Dior, el coeficiente, récord absoluto, se establecía en el 6,25 (contra el 5,7 de Yves Saint Laurent). Marcas mucho menos prestigiosas lograban resultados comparables: Montana obtenía 5,6 y Lapidus 4,1. Es cierto que las cifras de negocio de las primeras marcas citadas son sustancialmente mayores que las de las segundas. Pero, más allá de esta diferencia, estas relaciones cercanas significan que es posible sacar adelante una marca de moda, sea cual sea su naturaleza, con una renta proporcionalmente idéntica. (Estimaciones de Alain Petitjean, en *Le luxe ou l'Écho du désir*, Eurostaf, París, 1998, p. 53.).

43. El resto, cosméticos y perfumes, representa un 25 % de la facturación de la marca, las gafas un 14 %, y los relojes y las joyas un 5 % (*Journal du textil*, 21 de abril de 2003).

Armani es hoy en día uno de los ejemplos más sofisticados de la extensión de una marca: las diferentes líneas lanzadas bajo esta etiqueta forman un abanico muy amplio, en cuyo interior es casi imposible no perderse. Intentémoslo de todas maneras. Todo empieza en 1975 con la línea principal, Giorgio Armani, nombre colocado también en la ropa interior y las gafas (1987), los accesorios (2000). En 1981 se lanza una línea más accesible: Emporio Armani, con su propia línea de *prêt-à-porter*, sus relojes y sus perfumes. Ese mismo año, la marca decide también atacar en el mercado del *tejano* y la moda infantil: así, se crean sucesivamente Armani Jeans y Armani Junior. Un año más tarde, en 1982, Armani Parfum es lanzada para el público femenino, y en 1984, para el masculino. Hasta este momento, la situación es compleja, pero controlable. En 1991 empieza a ser ardua, con el lanzamiento de Armani Exchange, una línea de *prêt-à-porter* de *sportswear*, con precios muy accesibles. Poco tiempo después, dos nuevas líneas –Mani y Le Collezioni– proponen ropa de alta gama. Las líneas de perfumes y cosméticos se multiplican, destacando Acqua di Giò (1995) y Mania (2000). Finalmente, como último añadido, Armani Casa utiliza el nombre del modisto para muebles y artículos del hogar.

Es difícil llevar más lejos que Armani la lógica de una marca: una verdadera bendición de posesiones, un único nombre con multitud de artículos dirigidos a clientes muy diversos. Y, sin embargo, este sueño de la industria –el de la empresa inmaterial sin fábricas ni personal, puesto que se hacen licencias, no se contrata– se convirtió para otros en una pesadilla: los pedidos se pasan a fábricas sin preocuparse de las condiciones de trabajo de la mano de obra. Una presión constante se ejerce sobre los precios: se cambian los subcontratados, se estudian nuevos países y se escoge la mejor oferta. Bajo estas condiciones, la empresa madre se limita a concebir los productos, acompañarlos de un plan de marketing y dirigir a las empresas subcontratadas. Una especie de perfeccionamiento del sistema inventado por Cardin o Lacoste, donde la empresa optimiza una cartera de licencias. Hoy en día, el modelo a seguir, y que mejor ilustra las derivaciones del capitalismo inmaterial, está encarnado por Nike. Esta firma, creada en 1971, es el primer proveedor de equipamientos deportivos del mundo, con una facturación de más de 10 millardos de dólares (10,7 millardos de dólares en el año 2002), sin poseer una sola fábrica propia. La empresa no fabrica absolutamente nada, sólo dirige.

La diferencia que separa una marca deportiva de una marca de moda es tenue. Nike y otras empresas del sector han aprovechado la tendencia que consiste en cambiar el uso original de las zapatillas deportivas, puesto que en realidad dos tercios de sus zapatillas no servirían para realizar ninguna práctica deportiva.[44] Como en el caso de las marcas de prestigio, la presencia de uno de estos nombres sobre un artículo es suficiente para justificar su precio y, de este modo, sus amplios márgenes de beneficio. Unas zapatillas deportivas vendidas por 100 euros son producidas por entre 8 y 10 euros. Los creadores que trabajan para estas marcas reducen las fronteras que las separan de una marca tradicional. En el año 2002, Yohji Yamamoto firmó, por quinto año consecutivo, una colección exclusiva para Adidas. Convertidas en marcas de moda, las marcas se arriesgan a pasar de moda,[45] para de nuevo volver a estarlo: Puma se ha beneficiado de una estrategia de *turnaround* comparable a la utilizada por Gucci. Retomada por Arnn Milchan, productor de la película *Pretty Woman*, la empresa emplea a setenta diseñadores. Su relanzamiento se hizo mediante estrategias clásicas: calzar los pies de la *people* (Madonna, Cameron Diaz), poner productos exclusivos en lugares muy selectivos, venderse en Colette, el *concept store* más tendencia del momento.

A diferencia de las modas que pasan y retornan, las marcas nunca mueren del todo. Los casos de Gucci o Burberry así lo han demostrado. Dior, bajo la protección de LVMH, recientemente ha ofrecido una versión menos dramática de la que había

---

44. Estadísticas válidas en el año 2002. *LSA*, 3 de abril de 2003, p. 23.
45. La facturación de Nike no para de oscilar desde 1996, de 8,78 millardos de dólares (como mínimo), en 1998-1999, a 10,7 millardos actualmente (*Les Échos*, 1 de julio de 2002, p. 14).

permitido a Investcorp comprar Gucci. Esta estrategia, convertida ya en un clásico, consta de tres actos. El primero, según un escenario que nos es familiar, es un *one man show* poniendo en escena al creador escogido para despertar a la bella durmiente. John Galliano hizo así su aparición en 1996, con la misión de crear el mismo efecto en Dior que el creado por Karl Lagerfeld en Chanel: dar la vuelta a una casa –demasiado– respetable. Con este objetivo, la dirección artística toma las riendas de la marca, desde la creación de sus productos hasta su promoción: John Galliano se ocupa de la mujer Dior, Hedi Slimane del hombre Dior. El objetivo de estos creadores procede de la tríada tradicional: rejuvenecer, provocar, focalizar.

Segundo acto: recuperar las licencias para recuperar el *glamour*. A principios de los años noventa, Dior poseía más de 400 licencias. El objetivo es doble: controlar de nuevo la imagen de la marca y recuperar el margen adquirido por las empresas que poseen las licencias. Al mismo tiempo y a cambio de algunos royalties, se eliminan los productos que pueden perjudicar la imagen de marca (como las famosas zapatillas de Dior). Por último, el retomar las licencias permite elegir su distribución: las tiendas en las que se presentan los productos constituyen una estrategia de prestigio para estas marcas.

La tercera acción estratégica consiste en tener tiendas propias. Infringirla es peligroso con relación a una estrategia puramente inmaterial. Los puntos de venta, especialmente para una marca del mundo del lujo, representan unas inversiones muy importantes. Nada es demasiado bello para una marca como Dior: cada tienda tiene que parecer un templo, situado, por norma, en el mejor emplazamiento: la 5ª Avenida de Nueva York, Peking Road en Hong Kong o el barrio de Omotesando en Tokio. Imposible estar en cualquier otra parte e imposible estar de manera humilde. Además, la economía de la marca reclama su parte física, que representan los primeros gastos[46] realizados por es-

46. Las inversiones necesarias para gestionar bien esta estrategia están a la altura del objetivo fijado: en el año 2001, 80 millones de euros se invirtieron en los

tas marcas. Si la estrategia aporta sus frutos, éstos serán impresionantes. Los objetos, puestos a la venta a precios elevados, se venden como si se tratara de productos de gran consumo: 100.000 ejemplares del bolso Lady Dior el año de su lanzamiento, 14.000 ventas por mes para su sucesor, el bolso "selle", cientos de miles de camisetas de "J'adore Dior" vendidas a 150 euros cada una. Los resultados son excelentes,[47] pero las inversiones que requieren suponen el tener que tranquilizar a los accionistas y a los banqueros que financian el desarrollo del activo inmaterial de la marca. Y es por ello por lo que debe garantizarse el valor de la marca por encima de todo.

Marcas de valor y valor de marcas

Lógicamente, el descubrimiento de los beneficios potenciales de una firma de moda ha provocado que los precios de las marcas se hinchen desmesuradamente. De esta manera, Vuitton valdría unos 8 millardos de euros,[48] ¡la misma cantidad del PNB anual de Bolivia! Chanel y Hermès también se valoran con cifras apetitosas: casi 5 millardos de euros la primera y algo más de 3 millardos de euros la segunda, poco menos que el valor de la marca Peugeot. Las perspectivas de posibles ganancias de una marca de moda explican que, en el año 2002, tres empresas textiles se encuentren entre las diez primeras marcas francesas. Otras marcas de moda, aunque mucho más discretas, valen auténticas fortunas: Lacoste es el decimonoveno de la clasifica-

---

puntos de venta; en el 2002, 20 millones de euros por sólo el punto de venta de Omotesando (que también tiene un instituto de belleza), 5 millones de euros invertidos en cada una de las colecciones de alta costura, y un millón de euros por desfile (*Capital*, octubre de 2002).

47. La cifra de negocios de la moda Dior ha aumentado el 75 % entre 1998 y 2001. Representa actualmente un tercio de la facturación de los perfumes, 1 millardo de euros en 2001, que ha aumentado el 30 % en tres años. Ciertos productos, vendidos a precios de lujo, se comercializan como productos de gran consumo. La firma, aún deficitaria en 2001, ha conseguido un resultado positivo en 2002. Pero lo más impresionante es que su facturación total, con un aumento del 41 % entre 2001 y 2002, es de 492 millones de euros (*Journal du textile*, 26 de mayo de 2003).

48. Según la evaluación del año 2002 del Instituto Interbrand, referencia en este tema.

ción; Pierre Cardin, a pesar del desprecio que se le manifiesta a menudo, está en el puesto veinticuatro. Estas sumas pueden parecer elevadas, pero resultan razonables con relación a los números provenientes de la burbuja de Internet.[49]

Las evaluaciones de las marcas juegan un papel esencial: permiten valorar las considerables apuestas que estos asuntos representan para las empresas del mundo de la moda. Por ello, los protagonistas del sector le prestan una especial atención. Estas considerables cifras justifican las inversiones realizadas para construir y mantener estos grandes nombres. La mayoría de las marcas presentes en esta clasificación, exceptuando la significativa empresa de Pierre Cardin, realizan un gran gasto en el dominio de lo inmaterial –publicidad, *marketing*, etc.–, pero también en el dominio de lo material. Tras la idea de una economía despegada de los imperativos de la producción, estas empresas han recurrido básicamente a la subcontratación. Pero, a cambio, deben disponer de una red de tiendas a la altura de la reputación de sus marcas. Los signos y los mensajes necesarios para suscitar el deseo de una marca quizá sean muy caros, pero son, generalmente, menos onerosos que los puntos de venta indispensables para estas empresas.

Pocas empresas pueden financiar los gastos con sus fondos. En general, a menudo deben recurrir al mercado o al préstamo para disponer de los recursos necesarios para sus ambiciones. También es indispensable convencer a los accionistas o los banqueros y demostrarles que este sistema, por inmaterial que sea, contribuye a construir sustanciosos activos. En este contexto, el valor que se otorga al nombre es esencial. Los valores de la Bolsa fluctúan, los resultados también; pero lo que im-

49. En esta época, sólo hacía falta en cuanto material informático, unos cuantos adolescentes y una "marca" acabada en ".com" para ser más importante que British Airways. Un caso tipíco: en 1999, una empresa bautizada como Boo.com decidió convertirse en una Colette planetaria. Pero el equipo de joviales colegas que animaban a esta tienda mundial no consiguieron más que dilapidar el dinero de los accionistas. Y la marca pasó a no valer nada. (Sobre "la nueva economía", ver Frédéric Lordon, *Fonds de pension, piège à cons?*, Raisons d'agir, París, 2000).

porta, en definitiva, es que la marca conserve su valor. Una parte de la economía de lo inmaterial se basa en esta ficción: una marca es un elemento de activo de la empresa que la posee y susceptible, como tal, de ser revendida como cualquier otro objeto.

La principal dificultad que se manifiesta en esta representación es la de estimar el precio de una marca. A los publicitarios les gustaría que se confiara en los gastos en materia de inversión, pero ninguna fórmula permite garantizar que los fondos se hayan invertido correctamente. Existen algunas marcas que nunca han recurrido a la publicidad –Agnès B, Zara– y no por ello son menos conocidas. De todas maneras, no parece posible determinar cómo una inversión publicitaria puede determinar el valor de una marca. La lógica contable exigiría que se basara en transacciones similares, pero las cesiones de las marcas de prestigio son escasas y cada caso es específico; imposible elaborar así una cotización. Sin embargo, existe un método que cada uno adapta y utiliza a su manera: la actualización de las fluctuaciones futuras. Cada marca se evalúa en función de lo que puede aportar en el futuro. Para esos productos que se sitúan en un mercado estable, la cosa es fácil. Pero en el sector de la moda, ¿cómo se hace? Las ganancias futuras son muy difíciles de predecir: no existe una única manera de sacar provecho a las rentas que constituyen una marca. Por ejemplo, en el año 2003, Prada todavía no posee un perfume. En la hipótesis de que la marca decidiera lanzar uno, ¿qué ganancias obtendría? La respuesta sólo sería arbitraria. Ésta es la razón por la que cualquier evaluación al respecto lleva a resultados bastante extraños y siempre relativos.

Estas valoraciones se basan en premisas discutibles, particularmente porque una marca tiene un valor, independientemente de las personas que la gestionen, de la sociedad que la posea, etc. Sin embargo, la historia reciente de la moda parece probar lo contrario: una marca no tiene la esencia que le conferiría un valor en el cielo estrellado del capital y los activos. Su potencial no está inscrito en ella como un código genético que se explique por sí solo. Gucci aparece hoy como una joya que tan sólo pedía poder brillar como antes. A posteriori, esta constatación parece sorprender al sentido común. Antes de su renacimiento en el mundo de la moda, la evocación de la firma de marroquinería tenía consecuencias desastrosas: una firma envejecida por una clientela no menos vieja, es así como se hablaba de la doble G. Y, sin embargo, algunos de los productos que hoy constituyen la riqueza de la marca, como el bolso "bambú", ya se vendían anteriormente, pero nadie se dignaba a prestarles atención... La consecuencia lógica de la evaluación de la marca como activo independiente es que se concede a cada una de ellas un contenido que decide sobre su potencial. No obstante, John Galliano ha más que alterado los códigos de Dior para volver a situar la firma en el marco de los gustos actuales; y el estilo de Givenchy fue prácticamente brutalizado por Alexander McQueen... Otros hombres, encargados de relanzar estas dos casas, las hubieran redescubierto de otra forma, lo que prueba que la identidad de una marca no puede aislarse fácilmente.

El renacimiento de ciertas firmas ha contribuido mucho a la revalorización de las marcas en general. Cuando la Bolsa estaba en alza, ciertas adquisiciones llenaban las páginas de los periódicos y los propietarios de nombres más modestos se creían poseedores de un chollo. Actualmente, la exuberancia irracional ya no está de moda. Y, sin embargo, figura entre los intereses de cada empresa del mundo de la moda el clamar, siguiendo el ejemplo de Bernard Arnault, que se poseen marcas "extra-terrestres", que necesitarían más de treinta años para ser construidas.

El lujo, siempre de moda

Aparentemente, todo va bien, la idea de la marca funciona de maravilla. Las extensiones que pueden construirse alrededor de un nombre que gusta parecen no tener límites. Es como si los creadores textiles se beneficiaran de una renta que los más hábiles pueden hacer fructificar. Ésta es la razón por la que las marcas valen auténticas fortunas.

En un universo donde la infidelidad es la regla, donde la oferta siempre parece mayor que la demanda, un nombre reconocido representa un verdadero triunfo. Constituye, de hecho, una excelente protección contra la crisis del sector textil, patente desde hace veinte años. Ésta tiene diversas causas. En Francia, como en la mayor parte de los países occidentales, consiste sobre todo en el hecho de que la parte del presupuesto destinado a la ropa ha disminuido.[50] Ello justifica el gran triunfo de muchas empresas que proponen artículos de tendencia a precios populares. Bajo estas circunstancias, la mejor, y quizá la única forma de resistir es beneficiándose de una marca fuerte, susceptible de superar todos los obstáculos. Hoy en día, esta expresión se ha convertido casi en sinónimo de marca de lujo. Bernard Arnault resume la opinión común cuando estima que "hacen falta treinta años para construir una verdadera marca de lujo. Pero, una vez construida, puede resistir cualquier crisis".[51] Tal creencia da mucha seguridad a los accionistas. Y más cuando los beneficios en este sector son generalmente muy elevados. Así, Prada siempre ha querido ser discreta sobre sus costes, murmurándose que los coeficientes aplicados a ciertos artículos de nailon son de aproximadamente 10. Por este motivo, al final, Vuitton, Cartier o Gucci disponen de márgenes brutos del orden del 70 % y sus márgenes estratégicos están sobre el 20 %. Sólo la industria farmacéutica funciona mejor.[52]

---

50. En Francia, si el consumo nacional aumentó un 40 % entre 1980 y 1996, los gastos en materia de vestir sólo lo han hecho el 10 % o el 15 %, dependiendo de los artículos. En el año 2001 las compras textiles anuales se elevaban a 541 euros por cada mujer, 363 euros por cada hombre, 337 euros por cada niño, y 548 por los bebés, y sólo las dos últimas categorías de gastos progresan positivamente. Pero lo más preocupante para el sector es, probablemente, el hecho de que los precios de la ropa tiendan a disminuir. El precio medio de un traje de mujer ha pasado de una media de 219 euros en el año 1999 a 179 euros en el 2001. Un traje para hombre vendido a 100 francos en 1990, se vende ahora por el equivalente a 85 francos. Véase Nicolas Herpin y Daniel Verger, *La Consommation des Français,* tome I, Éditions La Découverte, París, 2000, p. 71.
51. Citado por *The Economist,* 23 de marzo de 2002.
52. *Ibíd.*

No obstante, hablar de lujo cuando el sistema contemporáneo conjuga consumo y producción de masas, no deja de ser obvio. Tradicionalmente, tal y como señala Jack Goody,[53] las culturas del lujo se encuentran especialmente entre sociedades jerárquicas. Nuestro mundo comprende múltiples estratificaciones sociales y todas, en teoría, descansan sobre la igualdad formal de los individuos. Así, las marcas de vestidos de excepción se dirigen, en realidad, a la mayoría. Tal y como había profetizado Tocqueville, no es el lujo el que se ha democratizado: es la democracia la que ofrece a todos la posibilidad *formal* de adquirir todos los bienes. "En la confusión de todas las clases, –escribía–, cada uno espera poder parecerse a lo que no es y dedica grandes esfuerzos a conseguirlo. [...] Para satisfacer estas nuevas necesidades de la vanidad humana, no hay ninguna impostura a la que las artes no puedan llegar y la industria va muchas veces tan lejos, en este sentido, que llega a perjudicarse a sí misma".[54] Desde entonces, el lujo es una etiqueta que distingue ciertos productos, tenidos por más exclusivos que otros. Nuestros contemporáneos están entusiasmados con este calificativo; en 2001 este tema dio lugar a más artículos de prensa que los dedicados a la protección del medio ambiente o a la sexualidad.[55] Paralelamente, más del 60 % de americanos, europeos y japoneses son compradores, al menos ocasionales, de una marca de lujo.[56] La clientela que ambicionan estas empresas no se limita pues, a la alta burguesía.[57]

---

53. Jack Goody, *Representaciones y contradicciones. La ambivalencia hacia las imágenes, el teatro, la ficción, las reliquias y la sexualidad*, Paidós Ibérica, Barcelona, 1999.
54. Alexis de Tocquville, *De la démocratie en Amérique*, tome II, Flammarion, París, 1981, p. 64. [Versión castellana: *La democracia en América*, Alianza, Madrid, 2002].
55. Respectivamente: 1.500, 1.200 y 500 artículos. Estudio realizado por Eselmann, *Journal du Textil*, 14 de octubre de 2002.
56. Estudio RISC 2000, citado por Elyette Roux, en *Le luxe éternel, de l'âge du sacré au temps de marques*, Gallimard, París, 2003, p. 154.
57. Esta clase de individuos poseen activos netos disponibles de al menos un millón de euros. El número de estos privilegiados se espera que aumente el 50 % desde ahora al año 2005. (Estimación Cap Gemini, citado por *The Economist*, 23 de marzo de 2002.

Resumiendo, el lujo está de moda. Actualmente, esta situación va de maravilla; permite vender productos selectos bajo este calificativo con márgenes confortables. Pero, ¿qué pasará mañana? Esta renta se verá quizá perjudicada. En efecto, si el lujo está de moda, perfectamente puede pasar de moda.

Crear su propia leyenda

Ciertas marcas, aunque nacidas recientemente, parecen muy sólidas en la actualidad y pertenecen, gracias a la habilidad de sus dirigentes, al club de los nombres más deseados. Su presencia es suficiente para vender un objeto apetecible, que seguramente pasaría desapercibido si se hubiera propuesto bajo otro nombre.

Tod's es la ilustración ideal de este principio: muchos creen conocer la marca desde hace un siglo, cuando en realidad la empresa que explota esta firma estaba en el limbo hace treinta años y, en cuanto a su existencia de cara al gran público, no cuenta más que con una decena de años. El sentido común nos haría pensar que tal logro reside en un producto excepcional. Pero, en este caso, el sentido común no acierta: la firma goza de su popularidad gracias a un mocasín tan feo que sólo debe su existencia al mundo de las tendencias. Es imposible, sin el amparo de la moda, pretender vender –caro–, este horrible zapato lleno de tacos de goma en la suela, un modelo inspirado en el calzado de los pilotos de automovilismo... Evidentemente, los Tod's son muy cómodos, argumento probablemente decisivo para vender pantuflas, pero ridículo y molesto si lo que se pretende es calzar los pies más distinguidos del planeta. Para construir esta marca y después todo un grupo alrededor de estos zapatos, Diego Della Valle, fundador y actual presidente de Tod's, tuvo que dar prueba de una sólida *chutzpah*.

En Tod's todo es bello, pero nada es verdad: la historia de estos zapatos es un tejido de fantasías. En 1979, cuenta la leyenda, un joven Della Valle descubre un mocasín en un anticuario de Estados Unidos y lo encuentra muy, muy cómodo. Todavía bajo estado de choque, decide producir y comercializar este extraño calzado bajo el nombre totalmente imaginario de JP Tod's. Veinte años más tarde, cuando la marca ya goza de suficiente renombre, el JP se abandona. Un par de estos zapatos, regalados a Gianni Agnelli, llamaron la atención del director de la Fiat, árbitro de la elegancia transalpina. Los fotógrafos se encargan de inmortalizarlo con estos curiosos zapatos... Otros personajes todavía más míticos, también los han llevado por efecto de los caprichos de la publicidad. Éste fue el caso de Cary Grant, quien, a título póstumo, hizo pasar estos mocasines recién nacidos por un clásico, a la manera del bolso Kelly o del *carré* de Hermès.

El resto de la publicidad fue realizada gratuitamente por la tradicional *people*, que se prestó a ponerse estos zapatos, fabricados en todos los colores y todas las materias, desde el cuero más clásico al cocodrilo más ostentoso. La leyenda –¡una vez más!– dice que estas pieles son tan preciadas que deben conservarse en una caja fuerte... Y es que, si el zapato no es muy atractivo, su precio, en cambio, sí lo es. A medidos de los años noventa, el momento de más locura por los Tod's, las tiendas que los distribuían agotaban las existencias: ¿símbolo del éxito o resultado de un cálculo? Algunos sospecharon que Diego Della Valle había organizado la escasez de sus productos, filtrando la demanda incluso antes de que pudiera materializarse. Della Valle ha conseguido crear a día de hoy un verdadero–falso clásico, quizá también una *forma*, un mocasín que envejecerá sin la necesidad de demasiados *liftings*. Alrededor del nombre de Tod's otros productos se han lanzado exitosamente, como, por ejemplo, el elegante bolso D Bag, en 1997, que retoma el famoso motivo de los tacos del zapato. Por último, el grupo ha sacado al mercado otras marcas, entre ellas Hogan, explicando esta vez, desde 1986, la fábula de los zapatos de cricket de los años treinta. Quizá por ser menos feos que sus hermanos mayores, los Tod's no representan más que el 30 % de los 320 millones de euros que el grupo facturó en el año 2001.

Apenas treinteañera, Tod's es reconocida como una gran marca, y es indudable que este nombre es familiar para el público. Está visto que no hay edad, ni formato preciso, para contar historias. Ésta es la lección que se puede extraer del éxito de Gérard Darel, una marca que no goza del prestigio de Tod's, pero que también ha conseguido salir a escena con mucha habilidad.

Creada en 1971, la marca Gérard Darel es una marca de *prêt-à-porter* femenino de gama media, cuyo objetivo era vestir a las cuarentonas. Nacida en el barrio del Sentier de París, esta empresa prosperaba de manera muy positiva hasta el año 1996, sin esforzarse demasiado en distinguirse de su competencia. Ningún mito era suficiente para sacar a esta marca del pelotón. Fue en ese momento, parece ser, cuando Danielle Darel tuvo la idea de explotar su "gran pasión": Jackie Kennedy. Danielle decidió, pues, subrayar la relación acercando su empresa a esta figura legendaria, asociación aparentemente muy arbitraria. Nada hacía prever que estas dos protagonistas se unieran. Para que el imaginario colectivo asociara estos dos nombres, una astuta idea salió a la luz. En lugar de utilizar la imagen de Jackie Kennedy para la publicidad –operación poco cómoda y quizá un tanto inconveniente–, Danielle Darel tuvo la ocurrencia de comprar en una subasta de Sotheby's, en Nueva York, un collar que Jackie Kennedy llevó cuando acompañó a su esposo en la visita oficial que hicieron a Francia en 1961.[58] Por el precio de 500.000 francos franceses, el collar pasó a ser propiedad de Darel, con la idea, de entrada, de utilizarlo en su estrategia publicitaria. Una buena compra que nos recuerda a otra: la que realizó Ralph Lauren, también en una subasta, cuando adquirió por 13 millones de dólares, la bandera americana más antigua que se conoce. En algún sentido, se convirtió en propietario de su más antiguo logo, porque son las mismas estrellas y rayas que se encuentran en sus jerséis.

Desde el asunto del collar, Gérard Darel no ha parado de utilizar la imagen de Jackie Kennedy en su estrategia de comunica-

58. *Management*, septiembre de 2001, p. 29.

ción, que no sólo se reduce a la publicidad: una empresa de tamaño modesto como ésta no dispone, evidentemente, de los presupuestos de los mastodontes del sector. De golpe, la marca vende la réplica del collar de Jackie en sus tiendas, utiliza a Stéphanie Seymour (modelo que se parece mucho a Jackie) en sus campañas publicitarias, esponsoriza una exposición de fotografía en la UNESCO dedicada a la pareja Kennedy, paga la exposición de vestidos de Jackie en el Metropolitan Museum, etc. Desde 1996, año de la famosa compra en la subasta, la facturación de la marca Gérard Darel se ha multiplicado más del 50 %. Es la prueba de que las asociaciones más arbitrarias pueden llegar a funcionar y no es necesario haber sido proveedor de la reina durante más de treinta años para poder evocar su imagen. Pero todavía hay un misterio: en una subasta en el año 2003, Gérard Darel adquirió el famoso cuestionario de Proust: ¿se lanzará la marca al *prêt-à-porter* masculino?

Para conseguir imponerse en el mercado, tal y como han hecho Tod's y Gérard Darel, una marca debe encontrar su clientela, un tema nada fácil. La clientela es muy inestable y no siempre se trata de la que se había previsto en un principio...

Marcas deseadas y clientela indeseable

Todas las marcas aspiran a encontrar un público específico. En este sentido, trabajan muy duro para conquistar a sus clientes. Pero el marketing no abarca todo. La distinción entre lo que está *in* y lo que está *out* afecta a las marcas temporada tras temporada, y evoluciona en función de los grupos y del medio. Es cierto que la inercia permite a algunas marcas conservar sus rentas, pero ninguna tiene nada asegurado. Como es sabido, los consumidores son cada vez menos fieles. Y al final las personas desarrollan frente a las marcas la misma actitud que adoptan con respecto a las instituciones en general: ninguna marca, venga o no del mundo del lujo, está a salvo de un cambio de opinión. Debe poder rendir cuentas, tal vez enfrentada a una amenaza de boicot o, simplemente, al olvido.

Las firmas desempeñan en nuestra sociedad un papel extraordinariamente complejo. La audiencia de la obra de Naomi Klein, *No Logo* se puede poner en relación con la muchedumbre que se empuja en los grandes almacenes en época de rebajas. Las reacciones de rechazo a ese respecto son tan impresionantes como ciertas manifestaciones de adoración. Cada marca escapa de alguna manera a sus promotores. Nike, Gap o Christian Dior (sin mencionar a McDonald's o Coca-Cola) son algunos ejemplos muy llamativos. Nadie ha intentado deliberadamente dotarlas, desde el principio, de los símbolos que evocan hoy en día; además, ninguna marca puede estar segura de su destino. Cualquier marca puede tener la desagradable sorpresa de ver lucir su logo a un asesino en serie cuya imagen reproducen todos los medios de comunicación, como fue el caso de Guy Georges, inmortalizado con una camiseta de Umbro color verde. De la misma forma, las Doc Martens probablemente no eligieron convertirse en las botas preferidas por los pseudo-nazis. ¿Pero cómo controlarlo? El reciente ejemplo de Lacoste ilustra los límites del control que estas entidades pueden llegar a ejercer sobre sí mismas.

El caso del cocodrilo es más que conocido. Contra todo pronóstico, los artículos de esta marca, habitualmente asociados a una clientela burguesa, se convirtieron súbitamente en populares, a mediados de los años noventa, entre los jóvenes de barrios desfavorecidos. Esta receta no servía para todos los productos de la firma, sino, de manera más sutil, para cierto tipo de artículos, chándales y gorras, erigidos como símbolo de reconocimiento entre diferentes bandas o barrios.[59] El fenómeno se basaba en una lógica clara, reivindicada por sus protagonistas: servirse de un cierto número de símbolos distintivos de las franjas más privilegiadas de la población. Según el sociólogo Serge Liminana, la marca del cocodrilo y su fundador, el tenista René Lacoste, ocupaban un lugar inesperado en el imagina-

59. Agradezco a Serge Liminana el haberme permitido usar el estudio de Sorgem, realizado a su cargo, por cuenta de RATP, sobre los jóvenes del extrarradio.

rio de estos jóvenes. Conocían bien las hazañas del jugador, los diferentes artículos de la gama, pero sobre todo interpretaban cada artículo firmado como un símbolo ambivalente de integración. Al apropiarse de esta ropa, mostraban que ellos también eran capaces de presumir de símbolos externos de riqueza. Y, a la vez, retornando a una especie de estrategia de distinción, se abastecían de esta marca destinada a la burguesía, perfectamente conscientes de que ésta no viviría la convivencia de la misma forma.

Lacoste no es la única marca que ha integrado la sutil jerarquía puesta en escena por los jóvenes. Además del cocodrilo, en el año 2002 se descubrieron marcas "ábrete Sésamo" –Hugo Boss, por ejemplo– que se suponía permitirían entrar a quienes las llevaban en sitios donde tradicionalmente se les negaba la entrada, como, por ejemplo, en las discotecas. También existen algunas marcas sinónimo, por el contrario, de reivindicar una pertenencia, por ejemplo la firma Dia, inspirada por la marca FUBU, que significa "For us, by us". Sin embargo, el destino de Lacoste fue particularmente mediatizado, en parte por razones muy francesas. Fueron muchos los comentarios divertidos o condescendientes describiendo a estos jóvenes sin dinero que usurpaban a la alta burguesía su símbolo de reconocimiento social. Muchos predijeron la fuga de la clientela tradicional; otros ya la estaban percibiendo. Ante lo que estaba pasando, la empresa mantuvo un mutismo absoluto: nunca hizo ningún comunicado sobre la presencia de los jóvenes de los extrarradios entre sus compradores. Pero, por supuesto, tampoco divulgó sus números, muy difíciles de conocer debido a la estructura de la empresa. Nada indica que los compradores tradicionales dieran la espalda a la marca, que, por otra parte, desde 1998 no está en su mejor momento. Fue mucho más atractiva en otras épocas y, desde hace ya tiempo, está intentando hacerse un *lifting*, operación para la que ha contratado especialmente al joven diseñador Christophe Lemaire. Un paso tímido, incluso inconsciente, se ha dado de cara a los *aficionados* "indeseables": un modelo negro en un catálogo, una *banane* (riñonera) vendida a precios módicos. Pero ninguna estrategia deliberada al respecto se ha puesto en marcha.

A raíz de los comentarios alrededor de este fenómeno, la reacción de Lacoste es reveladora de una posición específica francesa frente a las minorías: la traición de un particular concepto de integración. Es como si a un universalismo formal se sobrepusiera un esnobismo real. En Estados Unidos se observa, evidentemente, una actitud completamente opuesta: el *marketing* étnico se ha convertido en una auténtica golosina desde los años noventa. Ciertas marcas elegidas por minorías étnicas han transformado el azar en oportunidad, y lo han instrumentalizado para ganar la carrera a sus competidores. La marca Tommy Hilfiger, al principio una pálida copia de Ralph Lauren, también ha aprovechado la ocasión para otorgarse una verdadera identidad. La tolerancia frente a la alteridad no es la única razón de este comportamiento. Los afroamericanos parece que gastan bastante más en ropa que la media de los americanos: 46 % más en ropa femenina, 86 % en zapatos masculinos y la relación es de uno a cuatro respecto a los trajes. Este contraste se interpreta normalmente como una forma de probar su igualdad mediante una plena participación en la sociedad de consumo. También como un rechazo del estereotipo del negro pobre y marginado. Este sentimiento también existe entre los compradores de productos Lacoste en los barrios pobres. Pero este capricho repentino, parece que en Francia se ha percibido más como una desventaja que como una oportunidad. Sin embargo, el sistema de las marcas no es un sistema de castas; ninguna marca es propietaria de su clientela y no puede tampoco protegerse de que los "indeseables" compren algunos de sus productos. Las marcas, pues, están aprendiendo a ser humildes, puesto que se han dado cuenta de que su supuesto poder sobre las decisiones colectivas es mucho más frágil de lo que habían pensado. Ciertos fracasos han atestiguado su posición de precariedad frente a los fenómenos del mundo de la moda.

No se domina a la moda

La moda no se deja dominar fácilmente, como demuestran las decepciones de Hussein Chalayan, un joven diseñador de origen chipriota. No sólo no ha conseguido convertir su nombre en una firma, sino que, en diciembre del año 2000, mientras su compañero de promoción Alexander McQueen era contratado por el grupo Gucci, él tuvo que cerrar su tienda. "¿Por qué él?", se preguntaron algunos, ya que no se duda del talento de Chalayan y ningún profesional osaría cuestionarlo. Ya desde su salida de la escuela, en 1994, fue calificado de genio conceptual y, dos años más tarde, fue elegido British Designer of the Year.[60] Es cierto que lo conceptual se vende mal: las primeras creaciones de Chalayan –piezas hechas con limaduras de hierro o en papel, vestidos "mesita de centro" o confeccionados con una cáscara de fibra de vidrio– no parece que emocionaran al gran público. Como sucede en otros universos artísticos, el gusto de los profesionales no se corresponde con el del público en general. En lo que a moda se refiere, lo abstracto y lo conceptual nunca han permitido a un creador conocer el éxito. De la misma manera, las provocaciones de índole política, como las que llevaron a Chalayan a hacer desfilar a mujeres desnudas simplemente vestidas con un chador, despiertan sobre todo el interés de los medios de comunicación. Como veremos, son otras las provocaciones que hacen vender en el mundo de la moda.

Actualmente, Hussein Chalayan intenta reponerse. Con este objetivo, el diseñador martillea con un nuevo mensaje, cuyas palabras resumen su quintaesencia: "Lo que Hussein hace por el hombre, no tiene nada de conceptual".[61] Se contenta tímidamente con seguir algunas de sus investigaciones sobre el "vestido rescatado", con denims y terciopelos lavados y decapados, jerséis hervidos, colores descoloridos, siluetas deformadas y cos-

60. Michèle Lamont et Virag Molnar "How blacks use consumption to shape collective identity", *Journal of Consumer Culture*, vol. 1, n° 1, pp. 31-45.
61. "Hussein didn't want to do anything conceptual for men", *Fashion Wire Daily*, 9 de julio de 2002.

turas raídas. Como anteriormente, sigue reflexionando sobre el universo del vestir, como, por ejemplo, enviando una camiseta Air Mail en un sobre sellado que, aun antes de ser llevada, ya habrá sido utilizada. Pero Chalayan ya sabe que todo esto no le dará de comer. Además de estas piezas tan originales, propone una moda más discreta, casi clásica, quizá demasiado para marcar la diferencia. Por otro lado, siempre ha rechazado ponerse delante de las cámaras y sus fotografías son escasas... ¿Cómo crear una marca cuyo creador muestra tan poca voluntad?

Al contrario, la voluntad de promover un nombre, una marca y una persona no faltaron en Isaac Mizrahi. Tampoco faltaron, ciertamente, los medios para hacerlo: Chanel aceptó financiarlo en 1992. Sin embargo, en menos de diez años, entre 1988 y 1997, este creador neoyorquino conoció gloria y lágrimas, pasando de ser el favorito de la ciudad, a ser la estrella olvidada entre los diseñadores. Miz, como le habían bautizado los periodistas, había entendido perfectamente las reglas del juego, aceptando someterse a ellas sin pestañear. Su moda era extremadamente colorista, sexy, femenina; en una palabra, todo menos cerebral. Lo tenía todo para gustar: *show off* (espectacularidad), con mucha *chutzpah*, encajando perfectamente con la ciudad de Nueva York, y además disponía de un currículum de ensueño. Nacido en el sector de la confección neoyorquina, sale de la Parsons School of Design y se convierte en el asistente de Calvin Klein. Presenta, en 1998 su primera colección en un loft del Soho y la ciudad le aclama. A principios de los noventa, es el joven diseñador americano más mimado por la prensa. Sus invenciones se difunden a una velocidad de vértigo, como sus *tartan kilt* o sus *boxy jackets.* Contribuye a relanzar la moda de la *blaxploitation* (contracción de *black* y *exploitation*, la explotación de los negros), y se apunta a la tendencia Jackie Brown lanzada por la película del mismo nombre del director Quentin Tarantino. En 1992, cuando recibe la ayuda de Chanel, muchos murmuran que será el sucesor de Karl Lagerfeld. Como es una auténtica estrella, también sale por televisión. Entonces, ¿cuál es el problema? El que nadie esperaba: sus creaciones son elogiadas por la crítica, quien aplaude sus desacatos a la monocromía, pero no se venden. Muchos expertos mostraron interés por el caso Miz: ausencia de talento, decían unos, víctima del sistema que le fabricó, aseguraban otros. La unanimidad de los periodistas de su entorno le había probablemente convencido demasiado rápido de que el color era comercial, cuando en realidad sólo existe una pequeña brecha fuera de los clásicos negro, blanco, gris, beis. Actualmente, la situación de Mizrahi es problemática. Ninguna marca parece dispuesta a asociar su nombre al de su fracaso... Miz está de rebajas: ahora diseña ropa para la cadena de descuento Target y la prenda más cara de su colección cuesta 69,99 dólares...

Estos dos ejemplos, Hussein Chalayan e Isaac Mizrahi, muestran que no hay nada de automático en la creación de una marca de moda. Por otro lado, un éxito tan rápido como intenso no protege a nadie de una caída brutal. Desde este punto de vista, la historia de Uniqlo es como la de una película de terror para los profesionales del sector. El caso de esta marca japonesa es muy instructivo: jamás ninguna marca de moda ha conocido un éxito tan vertiginoso y temporal. Uniqlo ("Unique Clothing Warehouse") fue creada por Tadashi Yanai. En menos de quince años la empresa que explotaba la marca se posicionó en el tercer puesto del sector japonés de distribución textil, y cotizaba en la Bolsa de Tokio. En el año 2000, Uniqlo se encontraba en un momento de éxito deslumbrante: 500 tiendas y una evolución del 100 % de su facturación entre el año 1999 y 2000. Una empresa extremadamente rentable que obtuvo en 2000 unos resultados netos de 350 millones de euros, aproximadamente un 15 % de su facturación, cuando la mayor parte de la competencia se contentaba con un tercio. El julio de 2001, con la crisis de Japón, la cadena decide emprender una ofensiva internacional, empezando por el Reino Unido, donde Uniqlo pretendía abrir unos cincuenta puntos de venta. Un mes más tarde, en agosto de 2001, por primera vez en su historia, la facturación de la empresa disminuye en un 1,9 % y en este momento empieza su declive. Uniqlo pierde parte de su habitual clientela y, en abril de 2002, su presidente también se va. Los planes de desarrollo en el Reino Unido se detienen automáticamente. De ninguna manera habían cumplido con las previsiones en los resultados. Se ponen en práctica tentativas inéditas de diversificación de la marca, por ejemplo, la distribución de... frutas y verduras. En 2003, el futuro de Uniqlo seguía sin estar asegurado.

¿Cómo se explica un éxito tal y, acto seguido, una caída como ésta? Esquemáticamente, el concepto de Uniqlo era lo que los especialistas llamaban un *me too* de Gap, un modelo estrechamente inspirado, por no decir copiado, de la célebre cadena americana. En las monumentales tiendas, que tenían de 500 a 800 m^2, se podía encontrar una vasta gama de *sportswear* –camisetas, tejanos, polos– de manufactura muy simple. Cuando Uniqlo estaba en su mejor momento, vendía unos 300 millones de artículos al año, artículos que decían ser fabricados en condiciones dignas y con una excelente relación calidad/precio (dejando entender siempre que, al contrario que su máximo competidor americano, Uniqlo no hacía pagar la marca). En un mercado dominado por los precios altos, Uniqlo supuso una enorme presión sobre sus competidores. Su política se basaba en dos ejes muy claros. El primero, que el mismo Yanai desarrolló en el sector del textil japonés, era el método de circuito corto, ya puesto en marcha en el Sentier, y popularizado por H&M y Zara. Su ambición, afirmaba Yanai, era la de convertirse en la primera empresa de circuito corto del mundo.[62] Este sistema de producción se basaba en una excepcional cadena de empresas chinas subcontratadas. Y en lo que se refiere a las líneas de producto –americanas, vestidos, cazadoras tejanas, camisetas, etc.– Uniqlo supervisaba el conjunto de sus operaciones, desde la producción del hilo hasta la entrega en sus tiendas, pasando por el montaje de la ropa. Esta organización permitía controlar el precio mientras se examinaba a fondo la calidad del producto.

Pero Uniqlo tenía un punto débil: su firma. Identificada como una marca sólo de básicos, inspirados por los de Gap, los pro-

---

62. *JTN Monthly*, febrero de 2001, p. 14.

ductos sufrieron cuando su estilo pasó de moda. La "honrada propuesta"[63] del principio se volvió contra Uniqlo, puesto que el nombre no constituía ninguna renta para los beneficiarios, más bien era una garantía de calidad para el público. Cuando muchos de los competidores de Uniqlo empezaron a trabajar con el mismo circuito corto, la posición de la empresa empezó a ser precaria. Y rápidamente, en unos tres años, empezaron a ganarle terreno empresas como Itochu, gran casa de comercio japonés muy implicada en la distribución textil, que abrió 137 filiales en China. Cuando el modo de producción de Uniqlo se extendió, ciertas marcas[64] bajaron sus precios entre el 40 % y el 50 %. De esta manera, está comprobado que una marca conocida puede saborear el éxito en un momento de su historia, poniendo a sus promotores a resguardo de las fluctuaciones de la moda, siempre con fecha de caducidad.

63. Entrevista a Tadashi Yanai, *Drapersrecord,* 20 de octubre de 2001, p. 32.
64. Principalmente Michel Klein, Comme ça du Mode, e ISM (*Le Figaro,* 28 de enero de 2002).

SEGUNDA PARTE
LA FÁBRICA DE TENDENCIAS

3. La moda es arbitraria

Se supone que las marcas gobiernan las tendencias, cuando, en realidad, las padecen. Esto se sabe poco porque la moda es un universo tan familiar como desconocido. La complejidad de las tendencias se transparenta hasta en cuestiones banales de vocabulario. Aparentemente, todos creemos saber lo que es un vestido a la moda, pero el término es profundamente equívoco. En efecto, reúne dos nociones distintas: un juicio de hecho y un juicio de valor. El juicio de hecho encubre una simple constatación estadística: en un momento preciso, la frecuencia de aparición de ciertos objetos es más elevada que en otros. Muy a menudo, estos caprichos son masivos y repentinos. Representados en un gráfico, con el tiempo en abscisa y su frecuencia en coordenada, estos fenómenos adoptan la forma característica de una "curva de campana".[65] A esta concepción "objetiva" de la moda se suma otra, en la que prevalece el juicio de valor. Según esta representación de las cosas, solamente un objeto raro puede ser tendencia. Este tipo de debate puede dar lugar a interminables discusiones porque, en este contexto, la moda de uno no es la del otro. Es lo que subraya un experto en la materia, Jean-Paul Gaultier: "Cuando se dice que alguna cosa está de moda, no quiere decir que el 100 % de las personas se adhieran a ella. Hoy, las modas coexisten. Hay *grunges*, *neopunks*, viejos *punks*, *hippies*, *tecnos*... Y otros que lo mezclan todo".[66] Este ecumenismo no nos dispensa de interrogarnos sobre lo que está de moda y lo que no lo está.

---

65. Ver en "La moda es lo que se pasa de moda".
66. *Citizen K*, nº 21, invierno 2001-2002.

Misteriosas tendencias

Para los fabricantes, el sistema de las tendencias representaría el sueño absoluto si fuese fácil descifrarlo. En efecto, cómo imaginar un mecanismo más perfecto que el que obliga cada año a los individuos a abandonar objetos, mucho antes de que se gasten, porque, de repente, se han pasado de moda. Desgraciadamente, no es fácil predecir cuando pasará un capricho. Y todavía es más difícil adivinar qué lo reemplazará. De esta manera, las tendencias constituyen una especie de circo moderno, una organización sin organizador. Desde luego, muchos fingen manipular estos fenómenos como titiriteros; otros pretenden leer el futuro de la moda como si se tratase de un libro abierto. Sin embargo, los más sensatos en este campo son humildes: saben que no es fácil entender y todavía es más difícil influir sobre las tendencias.

Habitualmente designamos bajo el nombre de tendencia cualquier fenómeno de polarización por el que un mismo objeto –en el sentido más amplio– seduce simultáneamente a un gran número de personas. La vida cotidiana está llena de casos de polarización. Cuando los miramos como espectadores, nos intrigan o nos divierten. Los fabricantes, tributarios de algunos de estos mecanismos, los observan con cierta inquietud. A veces, el nerviosismo se vuelve obsesión: algunas empresas exigen analizar cada tres semanas las tendencias del momento. Cada tres semanas, y por qué no todos los días, ya que nuestras sociedades viven bajo la ley del movimiento perpetuo. Pierre-André Taguieff habla al respecto de "agitación", ya que el cambio se ha convertido, según él, en "un sustituto del Ser Supremo"[67] en nuestras sociedades. Tal agitación convierte en plausible más o menos cualquier previsión; basta con no hacer precisiones embarazosas y recordar que el ridículo no acaba con las empresas. Euro RSCG Worldwide lo ha probado,

67. Pierre-André Taguieff, *Résister au bougisme*, Mille et une nuits, París, 2001, p. 16.

profetizando en 2001: "Trends are out".[68] ¡Se acabaron las tendencias!

Las tendencias simbolizan la futilidad, pero lo fútil no excluye lo misterioso; las razones de un comportamiento frívolo no son más fáciles de explicar que las que presiden una conducta seria. Ninguna regla trivial permite comprender a una escala elemental por qué ciertos individuos, que no se conocen y viven a veces a miles de kilómetros los unos de los otros, deciden vestirse de manera similar. Sin embargo, no sufren coacción alguna. Ningún gran timonel les obliga, a ponerse el mismo traje como hasta hace poco en China. Si les obligaran a llevar un uniforme, nuestros contemporáneos se rebelarían. ¿Por qué, en estas condiciones, algunos de entre ellos deciden llevarlo por gusto? Las tendencias no respetan nada: hoy aspiran a colonizar los vestidos para niños. En Francia, dos nuevas revistas desean encargarse de ello: *Extra small*, que anuncia en la portada del número 1 "Tendencias - 60 páginas de moda de 0 a 12 años", mientras que su competidora *Milk* (también en su primer número) titula: "Moda infantil: ¡despegando!" y consagra al respecto 80 páginas para el otoño-invierno de 2003.

Las tendencias se aplican a todos los vestidos, pero sólo existen en el campo textil. Algunos piensan que el conjunto de lo que se "consume" –desde bienes hasta lugares, pasando por las ideas– está sometido a períodos de entusiasmo primero y de desamor después. Sin embargo, este conjunto heteróclito que comprende un lugar, un vestido y una teoría, no está regido por una única ley.

La vida nos ofrece el espectáculo de multitud de comportamientos gregarios o "cohortes". Algunos obedecen a causas evidentes, como los embotellamientos. Otros caprichos tienen explicaciones simples: el *wok* seduce porque convoca el exo-

---

68. Michelle Lee, *Fashion Victim*, Broadway Books, Nueva York, 2003, p. 36.

tismo a la mesa y desecha las grasas. Quedan esos fenómenos de masa que parecen regidos por ciclos pasionales, como la atracción ejercida por la Birkenstock. ¿Cómo explicar que esta sandalia, en otros tiempos apreciada por los ecologistas de la ex RDA sea llevada ahora por las modelos más admiradas del planeta? Algunos podrán apreciar el confort de esta hija ilegítima de una *thong* y un zueco. Otros son capaces incluso de encontrarla bonita. Pero, ¿por qué decidir sobre esto ahora? ¿La injusticia cometida respecto a otras marcas de calzado ortopédico tiene alguna causa o razón?

El éxito de las Birkenstocks obedece a una máxima muy apreciada por la sabiduría popular: la vida es injusta. Es lo que singulariza a las modas indumentarias; ningún otro fenómeno gregario concede tal importancia a lo arbitrario. En el origen de toda moda encontramos la casualidad. Antes de comprender cómo puede gobernarse un azar, intentemos ver lo que distingue las verdaderas modas de los otros fenómenos fluctuantes de la vida social.

"La moda es lo que pasa de moda"

Volvamos al sentido común, es decir, a Chanel. "La moda es lo que pasa de moda", proclamaba. Este principio fue verificado por el antropólogo Alfred Kroeber.[69] En los años veinte realizó un gigantesco estudio, basado en tres siglos de grabados y esbozos, para medir las oscilaciones a las que había estado sometido el vestir en ese intervalo. Según sus conclusiones, el vestido femenino habría seguido variaciones periódicas durante esos trescientos años, con ciclos de aproximadamente cincuenta años. Es decir, que las faldas se alargarían durante cincuenta años, para irse acortando los cincuenta años siguientes. Kroeber puso en evidencia también las relaciones que afectaban al largo de la falda y a la amplitud del escote.

69. Sobre Alfred Kroeber veáse, por ejemplo, Roland Barthes, *Le bleu est à la mode cette année*, Éditions de l'IFM, París, 2001, pp. 106-107.

A pesar de sus imperfecciones, el estudio de Kroeber tiene un inmenso mérito: poner en evidencia la existencia de una "curva de campana" que describe la temporalidad de los fenómenos de moda. La silueta de esta curva nos es familiar desde entonces: traduce las diferentes fases, desde el encaprichamiento hasta el desinterés, a las que está sometido un producto "tendencia". Gracias a estas curvas de campana sabemos que los ciclos indumentarios contemporáneos no duran cincuenta años, sino entre tres y siete años en la mayoría de los casos. Tratándose de una industria, es grande la tentación de sospechar que los industriales de la moda han maniobrado para disminuir los tiempos de los ciclos. Si probablemente han hecho todo lo que ha estado en su mano para acrecentar nuestra necesidad de novedades, ciertos indicios tienden a probar que las modas son cada vez más breves, incluso en los dominios no comerciales.

Las tendencias ya no rigen solamente los bienes que se venden y se compran. Los nombres, algo bien lejano del mundo de las mercancías –¡un nombre, evidentemente, no puede comprarse!–, están también sometidos a las modas. La manera en que los occidentales bautizan a sus hijos ha evolucionado.[70] En las sociedades tradicionales, los nombres y las costumbres evolucionaban poco. Así, en Francia, entre 1600 y 1850, los diez nombres más populares se renovaban a un ritmo de 0,25 por año. Hoy, este ritmo es diez veces superior, ya que es de alrededor de 2,5. Evidentemente, el caso no es sólo propio de Francia. La ruptura observada en este país hacia 1850 se da también en los demás países europeos aproximadamente hacia la misma época. En Dinamarca encontramos el fenómeno un poco antes, en Escocia un poco más tarde, hacia 1925. En Islandia, el giro toma cuerpo en 1875; anteriormente, los nombres se habían renovado a un ritmo comparable al de... ¡1075! El fenómeno no tiene nada de misterioso, ya que está íntimamente ligado a la

70. Sobre los nombres, veáse el libro de Philippe Besnard y Guy Desplanques, *La Cote des prénoms 2004: connaître la moda pour bien choisir un prénom*, Balland, París, 2003, y Stanley Lieberson, *A Matter of Taste*, Yale University Press, New Haven, 2000.

descomposición de las sociedades tradicionales. Generalmente, es contemporáneo a la urbanización o al desarrollo de la educación. Pero tiene el mérito de mostrar que, desde entonces, las sociedades occidentales dan pruebas de un gusto pronunciado por la novedad, no necesariamente vinculado a las incitaciones. Sin embargo, no todo lo que cambia está necesariamente de moda.

El ejemplo de los nombres muestra que el deseo de novedad, en nuestras sociedades, puede exprimirse también en ausencia de todo requerimiento comercial. Las modas invierten en dominios donde lo efímero no es admisible: ¡un nombre es para toda la vida! Este mismo apetito de renovación se observa en otros campos, bien poco frívolos y alejados de toda lógica comercial. Es el caso de la política especialmente, donde los electores han revelado en las últimas consultas una propensión a "hacer salir a los salientes". La escena intelectual está igualmente agitada por movimientos que la enfebrecen un momento antes de desaparecer, del maoísmo al lacanismo. Con una intención a veces polémica, se ha calificado a estos movimientos de fenómenos de moda. Pero no es seguro que la definición sea adecuada.

Cuando las razones de preferir un objeto a otro son raras, podemos estar seguros de hallarnos frente a una tendencia. Una necesidad de "bailarinas rosas" o de pantalones "pata de elefante" no se argumenta, salvo en caso de dar pruebas de una buena dosis de mala fe. Incluso la idea de que un artículo favorece nuestra silueta a menudo está al servicio de la compra. Desde luego, existen frenos "racionales" para adquirir un *minishort*. Si tuviéramos que jerarquizar nuestras acciones, empezando por las que son más fáciles de argumentar, hasta las que difícilmente pueden sostenerse, la moda indumentaria sería la última. "Sobre gustos no hay nada escrito", dice el proverbio. Cada una de nuestras compras incluye una parte de arbitrariedad. El 4 x 4 no es el vehículo más adaptado a la circulación urbana, a pesar de que tiende a proliferar en las ciudades. Sin embargo, podemos evocar distintos argumentos, aceptables o no, poco importa, justificando esta compra: la aspiración a la seguridad, la preferencia por un habitáculo grande... En materia artística, nuestros gustos son ciertamente más difíciles de justificar y una plétora de pensadores, desde Kant hasta Bourdieu, han reflexionado sobre la cuestión. Sin embargo, existe una tradición y unos clásicos que, permiten distinguir el éxito del verano de una ópera de Mozart. En el campo de la moda, tales equivalencias no existen.

La moda indumentaria ignora más o menos completamente las justificaciones. Encarna una de las formas más perfectas de dominación de lo arbitrario. Una vez descartadas las explicaciones más banales –lo conveniente, lo que sienta bien, etc.–, ¿qué queda? No sólo las causas no deben depender de lo racional, sino que, en este caso, se considera una injuria. ¿Empezaremos la elección de un vestido de Dior explicando que es confortable, práctico o útil? Desde luego, el modelo Corola del New Look, presentado por el mismo Christian Dior en 1947, era sublime. Pero, aunque ahora ese vestido siga siendo bello, no está de moda. Como los *baggy pants* o las camisetas de rejilla atestiguan, la moda no tiene que ver con lo bello más que accidentalmente, sólo lo arbitrario la domina. Cuando se le pregunta al creador de los zapatos Tod's por qué sus calzados llevan 133 tacos de goma, responde sonriendo: "¿Y por qué no?". La moda se explica a sí misma. ¿Por qué enmudece en materia de elección? Porque sólo un individuo puede dar cuenta de la razón de sus actos. Y la moda, por construcción, no procede de una elección personal, sino de la agregación de una suma de decisiones individuales. La moda no acepta más que una ley: la suya.

Lo arbitrario reina totalmente en la moda, decidiendo la forma de los vestidos, la boga de las marcas. De esta manera, las marcas se convierten en las últimas *fashion victims*. Las camisetas adornadas con logos revelan los últimos caprichos: una temporada debe llevarse Cerruti en el torso, la siguiente será Dior, sin dudar que mañana todo habrá cambiado. Las marcas tienen dificultades para precaverse contra estos cambios de humor. Los únicos complots que ellas pueden fomentar para influir en la fábrica de la moda son complots imaginarios.

El complot imaginario

La existencia de un "comité de modas" que decidiría las tendencias de la siguiente temporada ha hecho fantasear a más de uno. El textil es una industria que podría pagar –caro– para orientar la demanda. Esta constatación ha alimentado a menudo la fábula de un complot destinado a imponer las tendencias al público.

El argumento más utilizado es el de los "profesionales de la profesión", una especie de organismo central que reuniría industriales del textil, diseñadores, marcas prestigiosas y tiendas importantes. En un contexto similar, un rumor algo más sofisticado otorgaría una función especial a los primeros de la fila, especialmente a los laneros italianos. La leyenda cuenta que se reúnen de forma secreta a las orillas del lago de Como. Sin embargo, estos profesionales se entienden sobre tan pocas cosas que no llegarían ni a escoger el restaurante. Y si por casualidad se pusieran de acuerdo, ninguno creería en la verdadera voluntad de su competidor para cooperar. Imposible, en consecuencia, seleccionar así las tendencias. Aun cuando se pudiese, quedaría difundirlas en el seno de la sociedad, lo que todavía se presenta más complejo.

Otra visión del complot considera que las tendencias indumentarias encontrarían su origen en los descubrimientos, o las predicciones, de las agencias de tendencias. Estas oficinas especializadas[71] editan cada temporada unos cuadernos de tendencias, presentando, de manera más o menos precisa, su visión de las próximas colecciones. Tradicionalmente, existía un cuaderno de este tipo para cada familia de productos, pero el imperio de las tendencias crece y ahora los cuadernos también tratan de lo no-textil, desde el universo del cuarto de baño hasta el reino de los cosméticos. Para redactarlos, expertos cualificados hacen aparecer, como si fuesen hechiceros, los caprichos del mañana. ¿Se fundan en su olfato, su don o su experiencia?

---

71. Li Edelkoort, Nelly Rodi, Peclers son algunas de las más conocidas.

Los métodos utilizados permanecen en el misterio: poco importa, esta magia contribuye ampliamente a la fascinación ejercida por la profesión de "tendenciador".

Nunca avaros para hacer un pronóstico, estos futurólogos están siempre dispuestos a ejercer de pitonisas para explicarnos de qué estará hecho el mañana. Y mañana es a menudo ya hoy: "Hemos salido definitivamente de la clonación y de la locura higienista [...] En Corea, fui 'atrapado' por las nuevas aguas llamadas dinamizantes, con un montón de flotantes en su interior –hierbas, etc.– (el agua *Chi* pronto se venderá en Colette). Lo que me recuerda el discurso de *Amélie* Nothomb sobre las frutas en descomposición. Esto es tendencia",[72] profetizó después del verano de 2001 Vincent Grégoire, uno de los más famosos "tendenciadores" franceses. El recuerdo de otras predicciones de sus colegas no es menos cruel. También en 2001, Faith Popcorn, famosa visionaria americana, preveía que los consumidores podrían ser, como los deportistas, contratados por una marca para beneficiarse de descuentos toda su vida. Un competidor, "The intelligent factory", anunciaba la posibilidad para todos de negociar el precio de sus vestidos.[73] Que nosotros sepamos, ninguna de estas predicciones se ha cumplido. Más que revelar su miopía a pleno día, estos *profetas* habrían podido inspirarse en el método de Li Edelkoort, que preveyó "desde hace algunas temporadas" (¡!) la desaparición de las "bimbos agresivas en provecho de un arquetipo femenino más provocador: la amazona conquistadora".[74] ¡Con estas predicciones tan audaces, el futuro no corre el riesgo de contradeciros!

Sin embargo, no es necesario ser excesivamente injustos con las agencias de tendencias. Si las profecías evocadas arriba transfor-

72. *Le Figaro*, 6-7 de octubre de 2001.
73. *Strategieseurope*, encro de 2001
74. *L'Officiel*, mayo de 2003, p. 27; Li Edlkoort hace profecías a menudo audaces. En 1990 no dudó en decir: "Deberíamos rescatar actitudes de antaño (encerar el parquet, leer libros...) para reaprender a ser modernos" (Li Edelkoort, *Glamour*, septiembre de 1990). Leer libros: ¡un audaz consejo! Mejor encerar el parquet.

marían a cualquier mago en candidato al premio Nobel de física, estas empresas también hacen un trabajo más riguroso y fiable. Muchos de sus clientes no pertenecen al mundo de la moda, por lo que vulgarizan para ellos algunas de las tendencias del momento. Además, los cuadernos de tendencias que venden están alejados de cualquier palabrería sobre las tendencias futuras, ya que están constituidos de modelos y gamas de colores con las que es imposible hacer trampas. Si estos cuadernos fuesen inútiles, las marcas dejarían de comprarlos. Pero tienen un éxito constante y la mayor parte de las marcas de gran difusión los compran. Sin embargo, no participan en un complot: la casi totalidad de las marcas punteras prescinde de sus servicios. Evidentemente, no porque estén exentas de someterse a las tendencias, sino porque deben ser más creativas, lo que prueba que existen tendencias *más tendencia* que las demás. A menudo, las ideas que proponen los cuadernos de tendencias se venden para la temporada $n + 2$, pero se utilizan desde la temporada $n + 1$.

Aunque el complot no esconde ninguna realidad, sin embargo, funciona como un síntoma; nosotros no conseguimos imaginar que un mecanismo tan poderoso como el torbellino de las tendencias esté desprovisto de un instigador. La idea de que la moda no tenga un poder central se acoge con incredulidad. La creencia en el complot de las tendencias revela la incapacidad de imaginar un poder cuya influencia esté en todas partes y su sede en ninguna. En el campo de la moda, como en una democracia, todos votan. Pero, como en un sufragio censitario, todos no tienen el mismo número de votos. He aquí por qué los modistos tienen una influencia evidente. No obstante, en última instancia, es la opinión de la calle la que prevalece.

La calle, laboratorio de la moda

Hubo un tiempo en que la alta costura era el verdadero laboratorio de las tendencias. En esos talleres de ensueño, dedos de hadas concebían deslumbradores modelos que la calle intentaba reproducir más o menos fielmente. Aquella época ha pasado.

Como es sabido, las pocas casas de alta costura que permanecen no esperan por un instante sacar rentabilidad de su actividad. A pesar del apoyo de un puñado de mujeres que aceptan pagar por un vestido varias decenas de miles de euros, la actividad de este sector es fuertemente deficitaria. Todo está concebido para que la alta costura no gane dinero. Los estatutos de la Federación Francesa de la Costura, aunque se han aligerado, continúan siendo muy exigentes. También es necesario un personal altamente cualificado, que trabaja la mayor parte del tiempo a mano, empleando cientos de horas en un vestido. Las materias utilizadas no pueden ser más que delirantemente lujosas –avestruz, perca, pitón color chocolate, seda muy pura–, enriquecidas además con cristales Swarovski o bordados de Lesage. Este ejercicio otorga una notoriedad cierta a las casas que lo practican; los desfiles están muy mediatizados y concienzudamente seguidos. Sólo un puñado de casas desfila en la alta costura, mientras que hay toda una plétora en el *prêt-à-porter*.

Este mundo está tan alejado de las tendencias que se llevan como Jennifer Lopez lo está de Sissí emperatriz. Hoy no sólo es prácticamente imposible inspirarse en la alta costura para diseñar la "baja", sino que asistimos a menudo al fenómeno inverso. Karl Lagerfeld, para Chanel, fue uno de los primeros en introducir el pantalón tejano en una colección de alta costura. Con la misma intención, John Galliano para Dior presentó en julio de 2003 un modelo compuesto por una enagua XXL, muy *couture*, acompañado de una cazadora con cremallera que lo era bastante menos. Estos préstamos no son anecdóticos, ya que testimonian desde hace tiempo otra circulación de las tendencias. Como señaló Helmut Lang, "*couture*, *prêt-à-porter*, *street fashion* [moda de la calle]: este sistema de clasificación hoy ya no es válido. Ya no hay demarcaciones, las categorías en su forma pura ya no existen".[75] El modelo piramidal –en el que una minoría es investida del rol de crear para la mayoría– es un engaño.

---

75. Entrevista con Helmut Lang en Charlotte Seeling, *Moda. El siglo de los diseñadores, 1900-1999, op. cit.*

El mundo de la moda vive bajo la influencia de una fábula común en muchos medios artísticos: la difusión vertical de los gustos. Según esta fábula, una vanguardia sería la encargada de descubrir, como si de un vigía se tratase, las tendencias del mañana. Esta visión, desarrollada especialmente por Kandinsky, presenta el universo del gusto bajo la forma de un triángulo. Desde esta perspectiva, "lo que todavía no es hoy, para el resto del triángulo, más que un desatino incomprensible y sólo tiene sentido para el vértice extremo, aparecerá mañana, para la parte que esté más cercana, cargado de emociones y significados nuevos".[76]

La idea según la cual existiría una vanguardia de las tendencias explica muchas de las acciones llevadas a cabo en el mundo de la moda. Por ejemplo: las agencias han escogido fotografiar, durante los desfiles, no a las modelos, sino al público, seguras de tener ahí a los anunciadores de la moda del mañana. Los profesionales del marketing de la moda viven bajo el mito de los *influentials*, como se les llama en EE UU, esos individuos que se supone dictan los gustos a los demás. Un *best-seller*[77] ha descrito con detalle la influencia de estos misteriosos personajes. Sus autores, celebrados por la prensa especializada, desean atraer nuestra atención sobre ese 10 % de americanos que constituirían, según ellos, los famosos líderes de opinión, adelantados "entre dos y cinco años a los demás" respecto a las tendencias del mañana. Para ratificar su tesis, los autores del libro invocan un sondeo según el que el 93 % de los consumidores americanos se han visto influidos en su elección de consumo por el boca-oreja, contra el 67 % en 1977. Sin embargo, la existencia de estos *influentials* parece depender de la leyenda urbana. Efectivamente, el ser humano se preocupa por la opinión de sus semejantes en el momento de tomar ciertas decisiones, a menudo para fiarse, a veces para llevarles la contraria. Por último, no es evidentemente la misma parte de la población

76. Wassily Kandinsky, *De lo espiritual en el arte*, Paidós Ibérica, Barcelona, 1996.
77. *WWD*, 23 de mayo de 2003, a propósito de Edward Kéller y John Berry, *The Influentials*, Simon & Schuster, Nueva York, 2003.

–ese 10 % exactamente, no un 1 % más o menos– la que es consultada sobre todos los temas.

Pero poco importan las pruebas de la existencia de los *influentials*; los profesionales de la moda adoran las historias de este tipo, ya que obtienen de estas fábulas un placer que Michel Foucault apodó el "beneficio del locutor". Les gusta imaginar a la masa moldeada en sus elecciones indumentarias por algunos *happy few* (pocos afortunados) simplemente porque ellos creen ser esos *happy few*... Con toda lógica, algunas agencias han pensado que bastaba estar en contacto con estos individuos para lanzar una nueva tendencia. Pero todas están confrontadas a un dilema: ¿cómo influir en los *influentials*? De golpe, algunas de ellas empezaron a distribuir pantalones tejanos a la salida de los institutos. Un método que, si bien no es eficaz, no puede perjudicar a sus comanditarios: los regalos raramente crean impopularidad.

A pesar de esta representación de la difusión de las modas, muchas de las tendencias quedan relegadas a (muy) pequeños círculos. Nadie sirve –oficialmente– de cúspide del triángulo para los BCBG,[78] y, a pesar de todo, ¡se visten! Las modas más abstractas o irónicas, a la manera del arte contemporáneo, raramente alcanzan un gran éxito entre el público. Sólo un pequeño ambiente ultra-parisino se divirtió vistiéndose de "Deschiens"[79] una temporada, llevando, como el grupo de teatro, camisas de cuello "pala de tarta" con pantalones de poliéster. El *jogging* llevado como prenda de calle, en cambio, tuvo una trayectoria inesperada. Popularizado por los jóvenes del extrarradio, los creadores de moda lo retomaron tres años después de su aparición. Esta anécdota muestra hasta qué punto se hace difícil distinguir con antelación al manipulador del manipulado.

78. Bon Chic Bon Genre, expresión francesa que describe a los pijos.
79. François Joseph Deschiens fue un importante abogado durante la Revolución Francesa (N.T.).

El "manipulacionismo" –la idea según la que estaríamos obligados, sin saberlo, a seguir las tendencias– puede ser devastador. Esta idea fue popularizada en la década de los sesenta por Vance Packard,[80] autor de un *best-seller* que hacía sospechosos a los publicitarios de colar en sus anuncios mensajes subliminales. La publicidad, en materia de moda, orienta al consumidor, evidentemente. Sin embargo, suele promocionar una marca y no una tendencia en particular. La prensa especializada, con sus múltiples títulos, desempeña una función importante en la difusión y la promoción de las modas, sin embargo, está dirigida a un público sensible a estos temas, que busca información sobre el tema. Esta parte de la población no tiene un comportamiento uniforme respecto a las tendencias. Un estudio,[81] desgraciadamente antiguo, ya había intentado analizar las reacciones de las mujeres con relación a las tendencias, tomando como criterio el largo de las faldas. Los resultados muestran claramente que la mayoría de las mujeres no seguían servilmente las tendencias. Cuando las faldas se acortan o alargan, estas mujeres siguen el movimiento, atenuándolo. De esta manera, una mujer de un metro setenta hacía el dobladillo de su falda a unos cuarenta y cinco centímetros del suelo, mientras que una mujer de un metro sesenta optaba por un dobladillo a unos cuarenta centímetros. Es este ir y venir entre ciertos modelos y su adaptación por los individuos, esta negociación sin palabras, el que crea las tendencias. Y es este proceso perpetuo el que permite a la moda escapar a toda lógica trivial.

La moda, reflejo de la moda

Un año, por azar, la moda puede ser bella o, por qué no, útil y confortable, y al año siguiente abstracta y afectada. ¿Qué es lo que se probará con ello? Nada, sino la "total indiferencia de la

80. Vance Packard, *The Hidden Persuaders*, Longmans, Londres, 1957. [Versión castellana: *Las formas ocultas de la propaganda*, Editorial Sudamericana, Buenos Aires, 1973].
81. N. K. Jack y B. Schiffer, "The limits of fashion control", *American Sociological Review*, volumen XIII, nº 6, diciembre de 1948, pp. 730-739.

moda respecto a las normas objetivas de la vida",[82] como subrayó el sociólogo Georg Simmel. La *forma* moda no se preocupa en absoluto de la significación inherente a sus contenidos particulares. Sin duda, si se presenta el caso, puede recibir contenidos objetivamente fundados; no obstante, nos dice Simmel, "actúa como moda a partir del momento en el que hace notar su autonomía en cuanto a cualquier otra motivación".[83]

Esta constatación, evidente por regla general, comporta algunas excepciones. En particular, cuando las comunidades nacionales atraviesan acontecimientos traumáticos –guerra, duelo, etc.–, una cierta sobriedad se impone habitualmente. En cambio, quienes intentan ligar las tendencias a los grandes fenómenos sociales se exponen a serios desmentidos. Nadie osaría sostener hoy, con el historiador James Laver, que "la desaparición del corsé estuvo siempre acompañada de dos fenómenos: el laxismo moral y la inflación monetaria. A la ausencia del corsé, corresponden una moneda débil y costumbres relajadas; al uso del corsé una moneda fuerte y el prestigio de la gran cortesana, tal parece la regla".[84] El abandono del corsé es, evidentemente, una consecuencia de la igualdad de las condiciones entre hombres y mujeres, de un estilo de vestir menos formal. Pero no se puede erigir este vestido en síntoma de una crisis social. En el mismo registro, la idea según la que las faldas se acortarían en períodos de depresión y se alargarían durante las épocas de prosperidad, parece hoy completamente abandonada. Sin embargo, no es fácil justificar la idea según la cual las tendencias serían acontecimientos sociales metabolizados. Incluso un creador como Helmut Lang afirma que "la moda es siempre un espejo de los procesos sociales. Para que haya cambios en el vestir es preciso que los elementos exteriores lo conviertan en necesario".[85] Sin embargo, si un creador puede inspirar-

82. Georg Simmel, "La moda", en :*Sobre la aventura. Ensayos filosóficos*, Península, Barcelona, 1988, pp. 26-55.
83. *Ibíd.*, p. 95.
84. James Laver, citado por Quentin Bell, *On human finery*, Schocken Books, Nueva York, 1978.
85. Entrevista a Helmut Lang en Charlotte Seeling, *op. cit.*, p. 614.

se del mundo que le rodea, una tendencia general, masiva, raramente encuentra su fuente en el clima social.

El ejemplo más sorprendente, repetido hasta la saciedad, es el que relaciona la moda de estilo militar con el ambiente bélico generado a partir del 11 de septiembre de 2001. La idea es astuta, pero esta tendencia había empezado antes del derrumbamiento de las torres gemelas... En marzo de 2001 los creadores ya habían empezado la guerra. Rei Kawakubo saturaba su colección de estampados "camuflaje" y de pantalones militares. En la misma época, Miguel Adrover hacía desfilar en Nueva York turbantes, chadores y conjuntos que mezclaban uniformes occidentales, confeccionados enteramente en blanco, con túnicas tradicionales, hechas con los principales colores de las banderas de las naciones occidentales: rojo, blanco, azul. La guerra estaba igualmente presente en las colecciones de Raf Simons, que presentaba escenas de guerrilla urbana para su colección otoño-invierno 2001-2002 (presentada, pues, antes del "11-S"), como Balenciaga y también Céline.

De la misma manera, el traje de maniobras no fue lanzado el otoño de 2001. Su aparición en la alta costura se debió a John Galliano, que incluyó un modelo en la colección Dior para el verano de 1999, con una versión, evidentemente inédita, en muselina transparente combinada con Lurex.[86] En esta época, algunos observadores se sorprendieron, por otro lado, de que los escaparates de la tienda Dior de la avenida Montaigne se pareciesen más a una tienda de ropa americana de importación que a una tienda de lujo. Esta moda del traje de maniobras, lanzada por Galliano, se retomó, con más o menos talento, en las colecciones de las casas de costura. Nicolás Ghesquière para Balenciaga realizó una versión destacada, en rosa peladilla y verde menta. Pero este traje no esperó a ser (re)inventado por estos creadores para convertirse en un fenómeno de moda: en 1999 ya llevaba tiempo en las calles. A partir de la década de los

86. Un hilo brillante, a menudo utilizado en el género de punto.

setenta, una tendencia consistía en llevar los símbolos de una institución reprobada para poder ridiculizarla mejor. Esta manía hizo el agosto de las tiendas de importación de ropa militar. Al principio de la década de los noventa ya no había demasiados *hippies*, pero el traje de maniobras fue llevado cada vez más por los *ravers*. El fotógrafo de moda Wolfgang Tilmans le dio su legitimidad dedicándole un reportaje para una revista de opiniones respetadas: *i-D*. Desde entonces, el traje de maniobras obtuvo su consagración, dejando de estar banalmente a la moda para convertirse en un básico. Traducción: todo guardarropa que se respete, tanto para las chicas como para los chicos, debe incluir uno. Ya no es el artículo en sí mismo el que se somete a la moda, sino la manera de llevarlo. Para el verano de 2003, las mujeres podían llevarlo con tacones altos, o bien adoptarlo en su versión de satén, fruncido en los tobillos. En 2004 es inútil esperar la desaparición de cualquier referencia militar: el traje de camuflaje seguirá siendo tendencia.

Al fin y al cabo, la moda está sometida al mecanismo evidenciado por el barón de Münchhausen. Se dice que Su Excelencia tuvo la buena idea, para salir de una charca en la que había caído, de estirarse de los pelos. A la manera del barón, la moda se rige por su propia arbitrariedad. Y esta arbitrariedad la edificamos nosotros cada día mediante una multitud de decisiones, las cuales no tienen todas la misma importancia, aunque cada una tiene su lugar en el proceso de fabricación de las tendencias. Por construcción, la moda es la *acción recíproca* por excelencia y reposa sobre el hecho de que, como dijo Simmel, "la coexistencia de individuos con relaciones recíprocas entre ellos engendra en cada uno lo que no podría explicarse a partir de uno solo".[87] Toda la dificultad de entender la moda o, todavía más, de participar en ella, especialmente intentando prever las tendencias, reside en esta naturaleza particular que la funda. Desde entonces, el creador se encuentra en la delicada situación del artista descrita por Goethe: es a la vez esclavo

---

87. Georg Simmel, "La moda", en *op. cit.*

y maestro. Esclavo porque los únicos medios a su alcance son de naturaleza terrestre; maestro porque debe dominar al colectivo mediante artificios superiores y personales. En estas condiciones, se comprende que la moda cause ansiedad en quienes la crean. Como subrayó Simmel, los movimientos del mercado se vigilan mejor que en el pasado y se pueden prever las necesidades con anticipación, regular la producción para protegerla del azar de la coyuntura y de las fluctuaciones desordenadas de la oferta y la demanda. La única excepción: lo que Simmel denomina "los puros artículos de moda",[88] objetos que estarían vacíos de toda función objetiva, utilitaria, para no ser más que creaciones de moda, que pueden arrasar o, por el contrario, ser abandonados. Como la corbata o los zapatos de plataforma...

En esta profesión tan dura, los fracasos son a veces tan difíciles de entender como algunos éxitos. He aquí dos ejemplos que permiten hacer una idea del enigma que esconden las tendencias.

El enigma del éxito y el fracaso

En ocasiones, el éxito es más sorprendente que el fracaso. La experiencia del entusiasmo repentino la conoció la marca Aigle gracias a su chaqueta "Copeland", cuyas ventas aumentaron enormemente sin que nadie lo hubiese previsto. La sorpresa sólo comprende ventajas. En particular, es difícil verse identificado con un solo producto cuando se propone una gama completa al consumidor. Además, un éxito así es imposible de reproducir por naturaleza. Agnès B consiguió sobrevivir al éxito de su *cardigan*; Barbour, que fabricaba también una chaqueta tres cuartos, no ha logrado reemplazar verdaderamente el producto que le permitió asegurar su crecimiento durante un tiempo.

88. *Ibíd.*

Sin embargo, rebuscar en la chaqueta Copeland no conducirá a comprender el éxito que se apoderó de este artículo. Se trata de una chaqueta corriente, inspirada en la de los marinos, con un logo en la manga que representa los banderines de la marina y la fecha de creación de la empresa, 1853. Sin embargo, esta chaqueta vendió en Francia más de 500.000 ejemplares entre 1996 y 2002, cuando 20.000 prendas representan ya un resultado honorable en este mercado. Esta inocente chaqueta ha sido una víctima suplementaria de la moda. Lo atestigua la evolución de sus ventas, que en cinco años ha dibujado una curva de campana. Todavía hoy es copiada. De todas maneras, su futuro no estaba asegurado: los primeros años este artículo arrasó, mientras que su producción no daba abasto. Como ocurre a menudo cuando un producto se beneficia de una atracción repentina, es la capacidad de las fábricas la que limita las ventas. Desde entonces, cada lanzamiento de producción obliga a asumir los riesgos de fallar en las ventas y de producir demasiado.

Para explicar el éxito de la Copeland pueden invocarse tres tipos de razones. El primer tipo es de orden irracional: considerar que el hombre sigue la moda como un zombi, sin poder dar prueba de voluntad. El individuo, sometido a la moda, sería el juguete de mecanismos que le sobrepasan. En este contexto, las tendencias son los gustos de las clases superiores, imitadas tanto bien como mal por todas las demás. Esta teoría sería adecuada, aparentemente, para la Copeland, ya que, en un momento, se convirtió en la panoplia indispensable para ejecutivo en el estilo informal elegante. Según la empresa, esta chaqueta empezó a venderse bien en las tiendas de vela bretonas de Vannes, Saint-Brieuc y Brest, que aumentaron sus pedidos, para después propagarse por las grandes ciudades del oeste de Francia, como Nantes y Rennes. Así, este artículo conquistó toda Francia, de oeste a este, de los puertos hacia la metrópolis.[89] La causa, pues, se comprende: fueron los aficionados a navegar, perte-

89. *Le Figaro*, 1 de julio de 2002.

necientes forzosamente a las clases dominantes, quienes trajeron la Copeland a la ciudad. Segunda hipótesis: los individuos están alienados en la sociedad de consumo y la moda es el reflejo más visible de su alineación. De esta manera, el éxito de esta chaqueta es el de lo inútil: lucir una chaqueta tal, destinada a los rigores marítimos, para enfrentarse a los de los trenes de cercanías, no tiene mucho sentido. Se trata entonces de una ilustración del "consumo ostentoso" teorizado por Thorstein Veblen, por el que la moda tendría la vocación de permitir a los individuos despilfarrar ante la mirada de los demás.[90] O, aún más, y en el mismo registro "crítico", se trata de una artimaña suplementaria del capitalismo que nos lleva a consumir simulacros, en este caso, un simulacro de naturaleza. Por último, una tercera hipótesis, promovida principalmente por ciertos profesionales del *marketing*: existirían ciertas tendencias que explicarían el éxito de una chaqueta como ésta. Es la opinión de uno de ellos, Jean-Noël Kapferer, que explica respecto a la Copeland: "El deporte forma parte de la ideología ambiente, pero la práctica real es ínfima. De ahí el éxito de las marcas deportivas, que permiten al consumidor resolver este dilema".[91] Como veremos, ninguna de estas tres opciones es plenamente satisfactoria, pero, antes de verificarlo, volvámonos hacia el fracaso, a veces tan enigmático como el éxito.

Enterrado demasiado deprisa, el sombrero formal para hombre –panamá, bombín y otros cubrecabezas–, se hace cada vez más raro hacia 2000. ¿Cómo explicar la desaparición de este accesorio? Muchos estudios han tratado de razonar este fenómeno y han apelado a las siguientes causas:[92]

–el uso del cabello como medio de expresión;
–la moda del pelo largo para hombre, difícilmente conciliable con llevar sombrero;

90. Veáse en este libro la tercera parte: "La belleza del precio".
91. *Le Figaro*, 1 de julio de 2002.
92. Sobre este tema, veáse Stanley Lieberson, *A Matter of Taste*, *op. cit.*, pp. 81-83, y Edward Tenner, "Talking through our hats", *Harvard Magazine*, nº 91, 1989, pp. 21-26.

–la idea según la que la juventud lleva la cabeza descubierta;
–una tendencia general a la disminución del formalismo en el vestir;
–una preferencia cada vez mayor por lo natural;
–la popularización del automóvil, poco compatible con llevar sombrero;
–la desconfianza cada vez mayor hacia la autoridad y la asociación entre sombrero y poder;
–un abandono del sombrero por parte de figuras carismáticas, desde Kennedy a James Dean o Marlon Brando.

A pesar de su pertinencia, ninguno de estos argumentos es susceptible de esclarecer definitivamente por sí mismo las razones de la desaparición del sombrero. Cada uno puede discutirse:

–el fin de la moda del pelo largo no ha resucitado el sombrero;
–la juventud sigue siendo "tendencia", y, sin embargo, el traje no ha sufrido la misma suerte que el sombrero;
–el sombrero había empezado a caer en desuso antes de la popularización del automóvil;
–los ejemplos de James Dean o Marlon Brando no explican nada, sino que tan sólo ilustran este declive.

Por último, un detalle que no se ha de descuidar: ¡la cabeza se cubre de nuevo! Ciertamente, no se trata del panamá, pero muchos jóvenes utilizan desde hace tiempo un cubrecabeza, bien sea una gorra o un gorro. Este fenómeno no es exclusivo de un grupo en particular: los *ravers* suelen llevar el gorro de lana, los grupos de *rap* la gorra. Los estudios eruditos pretenden mostrar que la desaparición del sombrero se había convertido en necesaria debido a las evoluciones de la sociedad, pareciendo hoy tan inútiles como inciertas. La sociedad gobierna sola las tendencias, no existe ninguna ley general susceptible de explicar una variedad de fenómenos de moda.

Un universo donde todo es posible

La moda no tiene fondo y por ello puede tomar todas las formas. Por más que se diseccionen las tendencias, no se encontrará en su corazón ninguna esencia que permita justificar las elecciones de una época determinada. La lógica que acepta es una lógica interna.

Puesto que ninguna autoridad tiene demasiada influencia sobre ella, la moda se lo permite todo: un día nos hace adorar un bolso con forma de puerta de Cadillac (Dior), un bolso pintarrajeado (Vuitton) o incluso un Sportsac, improbable multibolsillos, nacido de los amores ilegítimos entre un impermeable y una bolsa de plástico. Desde luego, la moda se rige también por reglas de sentido común, pero la mayoría de éstas comportan excepciones.

Ciertas modas, oímos decir, deben su éxito al hecho de ser fáciles de llevar o a que modelan el cuerpo disimulando algunos de sus defectos. Esta regla explicaría, por ejemplo, el éxito del *tejano*, conocido por esculpir bellas siluetas. De hecho, las mismas razones explican por qué al *minishort* le cuesta tanto imponerse, excepto entre las adolescentes. En cambio, los calzoncillos largos o los tops que descubren el ombligo no han sido frenados en éxito, a pesar de su manera despiadada de dibujar las formas.

Otro argumento evocado a menudo: el confort, que supuestamente gobierna la manera en la que nos vestimos. Respecto a los hombres, los fabricantes ponen especial atención. Las materias utilizadas son cada vez más *amables*, suaves al tacto; un pantalón tendrá un tiro bien ajustado, etc. En el vestido femenino también existe este tipo de preocupaciones, pero no rige el conjunto de las tendencias. ¿Cómo explicar, si no, el éxito del tanga?

Queda la ética que, tal vez, podría tener el vestido. Traduzcamos: "la ética", en moda, significa a menudo el acalorado combate dirigido contra las pieles de animales. Stella McCartney, ex diseñadora de Chloé, proclamaba a los cuatro vientos su amor por los zorros y su desprecio por los peleteros. Realizar una serie de fotografías con abrigos de pieles se había llegado a convertir en un verdadero quebradero de cabeza mientras que con esta lucha simpatizaron la mayoría de las modelos. Los peleteros creyeron vivir sus últimos momentos. Pero hay que saber acabar una batalla: el invierno de 2003-2004 marcó el armisticio con el retorno de las pieles a las colecciones.

Como ilustran los ejemplos precedentes, las tendencias no tienen prejuicios. "Nunca" es una palabra que la moda ignora. "Nunca violeta", explicaba el historiador de la moda Michel Pastoureau en *Elle* para la primavera de 2003. Demasiadas connotaciones negativas –el luto, lo sagrado– le impiden conocer el éxito, al revés que el azul. Sí, pero las tendencias están hechas para ser invertidas. El verano 2003 fue violeta, y no sólo desde el punto de vista indumentario: el *ketchup* Heinz, si bien conservó su receta, fue coloreado en violeta y rebautizado "violine", agotándose en Colette. El fenómeno se extendió también a los logos, los coches, los portátiles, las camisetas de futbolista, etc. La tendencia se invirtió igualmente para los "tendenciadores": el violeta estaba en afinidad con la época, nos explicaban doctamente y a posteriori. Fragmentos escogidos: este tono "sugiere la búsqueda de un cierto distanciamiento", se convierte en "un nuevo negro" (tal definición se había aplicado ya al gris y al beis; en resumen: a todo color que funciona), el malva aporta un "suplemento de alma, calmante y tal vez un poco mágico",[93] etcétera.

La moraleja de esta historia es que el violeta no tiene ni sustancia ni esencia que coincidan con el espíritu de la época. La moda ridiculiza a estos Hegel de pacotilla que anuncian a intervalos regulares el inicio de un nuevo arte de vivir o el final del antiguo. La tendencia es estar delgado, se nos cuenta, la

93. *Le Monde*, 7 de mayo de 2003.

anorexia merodea alrededor de las top models, Kate Moss y otras, Eva Herzigova. ¡Si es por eso, que no quede! He aquí el retorno del físico con curvas y las caderas anchas. Monica Bellucci tiene formas de verdad, el número de *Elle* con Emmanuelle Béart en portada,[94] casi desnuda, pulverizó las ventas, como se sabe, provocando toda clase de comentarios. Coronación de la diosa Afrodita, Jennifer Lopez se convirtió en la musa de Vuitton para el mundo. Desde entonces, parece ser que algunos cirujanos han recibido peticiones para aumentar la forma de ciertos traseros. Algo para hacer reflexionar a quienes piensan que una tendencia no cuajará nunca y para inquietar a aquellos cuya profesión es vivir de la moda.

94. *Elle* "Especial belleza", 5 de mayo de 2003.

4. ¿Se gobiernan las tendencias?

Como siempre es arriesgado prever la moda que viene, las supersticiones son comunes entre los creadores. Así, en una casa de alta costura, el verde es un color *non grato*: su aparición bastaría para comprometer la temporada. Chanel sembraba su día a día de sus números preferidos: el 2, el 19 y, por supuesto, el 5. Dior, a pesar de ser el más terrenal de los hombres, vivía protegido por una retahíla de prácticas mágicas. Según la leyenda, su chófer tenía que dar, ciertos días, siete veces la vuelta a la manzana de su casa de costura, antes de dejarlo en la avenida Montaigne. No podía crear sus colecciones si no era armado de su varita, su bastón amuleto. Por último, para las decisiones importantes, sólo hacía caso de los consejos de su vidente. Algunas décadas más tarde, las videntes siguen teniendo mucho trabajo y una clientela variada, desde Maurizio Gucci a Tom Ford. Sin embargo, el tarot no es suficiente por sí solo. Una vez que se conoce el porvenir de las tendencias, no queda más que influirlo. Y, para ello, nada vale más que ciertos métodos: el conjunto aparece así menos mágico, pero es, ciertamente, más eficaz.

Un pequeño mundo

Todo empieza por un efecto de *focalización*. Desde hace algunas temporadas, las redactoras de moda y otras prescriptoras anuncian el retorno de la década de los ochenta para algunas de las prendas entrevistas en las colecciones. Como este anunciado retorno todavía no se ha traducido en un éxito entre el público, se ha dicho que se trataba de un caso de *wishful thinking*, una especie de acto de nostalgia que se regalaban algunas periodistas cuarentonas, ya que la amplia oferta propuesta por las marcas permite hoy presentar casi cualquier capricho como una de las modas del momento. De esta manera, para el invierno 2003-2004 se anunciaron simultáneamente el rosa, el plata, lo brillante, lo flúo, el violeta, el negro, etc. Todavía mejor: ningún *couturier* rechazará crear especialmente un vestido para una doble página de revista a la redactora que se lo pida. Si el tema está consagrado al vinilo y no se tiene en la colección, bastará con crear una prenda con este material para ser citado al respecto.

Pero sigamos con el ejemplo del estilo de los ochenta. Esta época ha tenido siempre sus seguidores, como –a pesar de que lo nieguen– el dúo Alexandre Matthieu-Marc Jacobs, o también Hedi Slimane, quien, a la pregunta "¿Qué queda de los años ochenta?", dio esta lapidaria respuesta: "Nosotros".[95] El éxito de estos tres creadores se ha interpretado a menudo como un signo anunciador del retorno de los *eighties*. Sin embargo, hasta el presente, esta tendencia ha permanecido oculta, ya que los años ochenta están demasiado cerca, según se dice. El sentido común los presentaba como la encarnación de la fealdad, "de grandes vulgaridades, de pretensiones innombrables, de proporciones inmundas, de zapatos espantosos", en palabras de Karl Lagerfeld.[96] Más prosaicamente, esta tendencia no encajaba con las evoluciones del momento. Hoy, las posibilidades de que se imponga parecen reales. El posible ocaso del pantalón y el retorno de la falda deberán ir acompañados forzosamente de nuevos *tops* por ejemplo aquellos con las proporciones características de los ochenta. Más todavía: para reemplazar el pantalón sin oponerse a la falda, se ha programado el retorno de las mallas para mujer, rebautizadas para la ocasión como *leggings*. Queda un enigma: ¿cómo creadores tan alejados los unos de los otros pueden converger al final en tendencias idénticas? Tres explicaciones pueden esclarecer el enigma.

Primera hipótesis: la tendencia no es tal y sólo dará lugar a un capricho fugaz; esas dos páginas donde se recogen una docena de artículos de inspiración *eighties* se deben a la voluntad de una redactora de moda y su popularidad no sobrepasará las páginas de la revista.

---

95. Anne Boulay, *Vogue*, agosto de 2003.
96. *Libération*, 8 de octubre de 2001.

Segunda hipótesis: la tendencia responde a una *lógica* que cada creador de moda presiente. Es bien sabido que más de un científico puede resolver en el mismo momento un problema mediante métodos idénticos, sin haberse copiado entre sí. De la misma manera, los creadores conocen al dedillo los resortes de su profesión. También saben, por ejemplo, que las minifaldas se venden con dificultad, por lo que la mayoría de ellos van a acompañarlas de accesorios (botas de todo tipo, mallas, etc.).

Tercera hipótesis: la más atrevida, el *zeitgeist* o espíritu del tiempo. El mundo de la moda es un mundo muy pequeño. Un aleteo de alas de mariposa en Dior crea a menudo un huracán en Prada. ¿Un ejemplo? Una frase dicha como quien no quiere la cosa en *Le Figaro* a propósito de "Tom, quien ha decidido que el invierno será pantera". El Tom en cuestión se llama Ford y el autor de esta frase es Carine Roitfeld, antigua musa de Tom Ford en Gucci, convertida desde 2001 en redactora-jefe de *Vogue*. Pronunciando estas palabras, en agosto de 2002, lanzó una doble señal: todo ocurre como si una prescriptora muy influyente garantizase una tendencia futura, lanzada por una marca imprescindible. ¿Moraleja? Un año más tarde, en agosto de 2003, "los indispensables de la nueva temporada", número especialmente esperado de *Vogue*, compuesto por cuarenta y seis páginas (sin contar la publicidad), tenía cuatro de ellas con artículos ¡sobre estampados de leopardo! Esta profusión no se explica sólo por la proximidad de Carine Roitfeld y la marca Gucci: los estampados de leopardo de Gucci se vieron el año pasado, en 2002. Este año es el turno de que utilicen el felino Marc Jacobs, DKNY, Moschino, Lanvin, Prada, Loewe, Vuitton, Versace y Alexander McQueen. Cuestión subsidiaria: ¿cómo las opiniones, incluso precoces, de Carine Roitfeld pueden llegar a influir en el ama de casa de menos de cincuenta años? Respuesta: de dos maneras. Directamente, disparando en ella un deseo de *leopardo* ante la sobreabundancia de artículos consagrados a este estampado en las revistas. Pero estas palabras tienen, sobre todo, consecuencias indirectas. Si los no iniciados prestan poca atención a las entrevistas de Carine Roitfeld, de quien ignoran las funciones e influencia, los profesionales de la moda, al contrario, saben decodificarlas. Desde el momento en que las conozcan, es verosímil que un cierto número de ellos las integren entre las diferentes informaciones para tener en cuenta de cara a la temporada siguiente. Es el caso, por ejemplo, de los compradores –particularmente estratégicos– de los grandes almacenes de Nueva York, Tokio, Londres, París o Milán, que no dejarán de aprovisionarse de leopardo.

Pero continuemos siguiendo su rastro. Imaginemos, por ejemplo, que las ventas de artículos de estampado de leopardo sean buenas en los grandes almacenes. Evidentemente, la noticia se difundirá: todo comercial, de la moda o de otro campo, accede a los resultados de uno o más puntos de venta que le sirven de test, tanto para sus artículos como para los de la competencia. Si las ventas son concluyentes, el filón del estampado de leopardo será explotado por las marcas populares, especialmente las de segunda fila, los catálogos de venta por correo, etc. Así, un antojo de Tom Ford elaborado en 2001, desvelado en 2002 por Carine Roitfeld, tiene la posibilidad de convertirse en un verdadero éxito popular hasta en 2005...

Es cierto que el felino no es más que un ejemplo. Cada año, la tribu de la moda rumorea sobre las tendencias que vendrán, algunas de las cuales llegarán realmente. El universo textil es muy pequeño y está compuesto por individuos que, aunque lo nieguen, acaban frecuentando siempre los mismos sitios. A pesar de sus esfuerzos, esta pequeña tropa acaba adoptando invariablemente los mismos gustos, es decir, los mismos signos de pertenencia. Para los muebles, el de los ochenta fue el estilo años treinta, Jean-Michel Frank en los noventa, Prouvé hoy. Los iniciados adoran de manera consensual y sucesiva la estética de los grafistas del grupo Bazooka, los cuadros de Basquiat, las obras de Gilbert & George y de Vanessa Beecroft. Desde luego, cada uno defenderá sus idiosincrasias, preferirá Nolita al Soho, las Abbesses a Marais y Córcega a Cerdeña. Pero, más allá de estas singularidades, la tribu cultiva los mismos gustos, es incluso una condición sine qua non para formar parte de ella. Desde ese momento, el público de los desfiles da una impresión de gran uniformidad. En este ambiente, despreciar el gregarismo sería como escupir en la sopa. Entonces, todo el mundo se las arregla para cenar en el Costes, dormir en el hotel Mercer en Nueva York y, en resumen, respetar los mandamientos de la *Cityguide Vuitton*, la primera guía interna del medio, escrita y a la vez leída por la gente de la moda.

A pesar de los distintos orígenes, de las importantes diferencias de ingresos y de tareas en realidad muy dispares, el entorno de la moda es más bien homogéneo. ¿Cómo sorprenderse de que quienes hacen la moda tengan ganas de las mismas cosas en el mismo momento, cuando viven y frecuentan los mismos lugares, y beben en las mismas fuentes? La profesión de perito mercantil tiene su revista y sus sindicatos, y sin embargo, los peritos mercantiles no viven juntos, excepcionalmente van a las mismas fiestas y no se distinguen por su endogamia. En el mundo de la moda, por el contrario, existen mil ocasiones de cenar, viajar, festejar juntos. Como en el cine, o en ciertas profesiones artísticas, la barrera entre lo privado y lo profesional es, a veces, difícil de distinguir. De esta manera, las gentes de la moda tienen múltiples invitaciones a las que se ven obligadas a acudir, a menos que la suerte les inflija el deshonor de no ser invitadas.

Estos múltiples momentos pasados juntos constituyen las mismas ocasiones para construir una *doxa*, una opinión común. Durante estos encuentros se intercambian rumores e informaciones, cotilleos y burlas, acompañados de algunas certezas sobre la moda de los años veinte o el retorno de las pieles auténticas. Para los ausentes, son posibles clases de recuperación gracias a personas del ambiente que no pertenecen a ninguna empresa, pero que no dejan de circular entre ellas. Algunos fotógrafos, estilistas, periodistas o agregados de prensa tienen el privilegio de ser consultados continuamente por las marcas, de manera formal o informal, sobre las tendencias para adoptar, ocupando así un lugar esencial en la constitución del gusto y las evoluciones de cada colección. ¿Un ejemplo? La directora artística londinense Katie Grand aconseja simultáneamente a Prada, Louis Vuitton y Calvin Klein para sus campañas publicitarias.[97] En la moda abunda este tipo de profesionales que recorren el ambiente en todos sus sentidos como una especie de telegrafista. Es el caso en particular de las redactoras-consejeras, que ejercen generalmente la profesión de estilista de editoriales para prensa y publicidad. Un estilista de editoriales escoge los vestidos, a veces las modelos y fija los temas de las sesiones con el fotógrafo. Se trata de perfectos desconocidos, pero indispensables para el sistema. Algunas casas los utilizan desde para la elección de los tejidos hasta para la preparación del desfile.[98] Su presencia es lógica: saben mejor que nadie lo que puede funcionar para una temporada, ya que son ellos quienes fabrican la moda en la prensa. En estas condiciones, su intervención da forma a la moda. La musa, siempre presente alrededor de cada modisto, puede cumplir esta función de la misma manera. En este delicado ejercicio, los proveedores también tienen su papel: para muchos artículos u operaciones, pocas elecciones son posibles. Desde ese momento, se dirigirán prioritariamente a Lesage para los bordados, a Swarovski para los cristales de fantasía, a algunos proveedores de tejidos, etc. Estos pocos nombres constituyen otras tantas encrucijadas –la gente chic los denomina *hubs*– que hacen circular la información, a menudo de manera involuntaria, orientando a sus clientes en la elección de una gama de colores o una producción. Cada uno de estos *hubs* contribuye a hacer converger el medio de la moda hacia ciertas tendencias. Pero, frente a ciertos acontecimientos, puede pasar que esta convergencia se desarrolle espontáneamente.

Aspirar el *air du temps*

En teoría, los creadores y las marcas no son iguales ante las tendencias. Unos las crean, otros las siguen. Las marcas más punteras están obligadas a ser originales: sus vestidos no sólo deben anticiparse a las tendencias sino que deben inventarlas. Los vestidos en kits propuestos por APOC, una de las líneas de Issey

97. Véase *WWD*, 23 de mayo de 2003.
98. Marie-Pierre Lannelongue, *Elle*, 24 de febrero de 2003, p. 236.

Miyake, no han dado paso a una moda: probablemente, siempre estarán reservados a un pequeño círculo de iniciados.

Esta búsqueda de la originalidad suscita a veces creaciones sorprendentes, como las de Olivier Theyskens, joven creador belga que trabaja también para las colecciones de Rochas. En un registro vanguardista como el suyo, son bienvenidas las justificaciones más insospechadas sobre las creaciones. De esta manera, cuando se le pregunta por qué ha decidido asociar el negro y el amarillo, una combinación resueltamente no-tendencia, responde que ha decidido recubrir su "podio de mejillones, [...] para amplificar el espíritu marino ligado a las gabardinas amarillas de la colección. [...] El amarillo y el negro –no me atreví a confesarlo entonces– era la asociación mejillones–patatas fritas. Esta 'private joke' nos hizo desternillarnos de risa a mí y a mis asistentes. Evidentemente, ¡hay que ser belga para captarlo!"[99]

No todos los modistos pueden permitirse este tipo de *private jokes*. Los que trabajan para las marcas prestigiosas deben conjugar hábilmente el respeto por las tendencias y la creatividad, y la mayoría han adoptado métodos que les permiten alimentar su imaginación. Así, John Galliano adopta para Dior cada temporada una manera muy elaborada, que le permite diseñar su colección. Cada seis meses se lleva a su equipo a un país lejano –el verano 2003 a la India– de donde trae vestidos, ideas, croquis, objetos, fotos, retales, etc. Todo ello es recopilado en una "biblia" de donde cada uno extraerá su inspiración.[100] Esta recopilación no contiene una colección acabada, nada más lejos. Es difícil encontrar la relación entre los elementos traídos de la India y una colección finalmente articulada en torno a la danza con tutús, vestidos de flamenco y zapatillas. Se trata más bien de "*snacks* creativos", según la definición consagrada, que permiten a los unos y los otros beber en la misma fuente en materia de ideas.

---

99. *Número*, febrero de 2002.
100. *Elle*, 14 de julio de 2003.

Cada modisto desarrolla un método en función de su temperamento. Mientras que Galliano recorre el mundo para encontrar ideas, Dior, al contrario, se encerraba. "Vagabundeo [...] durante algunas semanas. Después me retiro al campo. Este desplazamiento ínfimo se asemeja, por su precisión y automatismo, al inmenso viaje de las anguilas hacia el mar de los Sargazos. [...] Poniéndome en marcha, sé con antelación que en quince días empezaré a dibujar figurines minúsculos, verdaderos jeroglíficos que sólo yo sé descifrar".[101] Después, estos croquis dan lugar a unos esbozos, que se convertirán en glasillas y que finalmente "se modelan", según la expresión de Dior, para las que lo merecen.

El proceso creativo seguido por estos modistos no puede obedecer a un modelo único, porque cada uno posee su capacidad y sus métodos. Algunos, como Jeanne Lanvin, no saben dibujar, y dictan sus deseos. De esta manera, el trabajo de Miuccia Prada consiste en dirigir un equipo. Único punto en común entre la casi totalidad de los diseñadores, más allá de sus diferentes enfoques: el recurso al panel de tendencias. El alfabeto de la creación en materia de moda se escribe muy a menudo con la ayuda de estos grandes paneles, sobre los que se dibujan no modelos o productos acabados, sino una ambientación. Generalmente, se trata de un gran desorden de fotos, dibujos, palabras, muestras de tejido, y pueden ser muy abstractos –"el aire y el agua"–, rememorar una región del mundo –Bali– o una película –*Vacaciones en Roma*–. El recorrido intelectual mediante el que el panel de tendencias se convierte en una creación es, la mayoría de las veces, bastante tortuoso. Su función es, muy a menudo, tipificar una creación, orientarla en una dirección, pero sobre todo inspirar. El método reposa en asociaciones libres: todo está permitido. En este estadio creativo, las obligaciones del *marketing* y las previsiones en materia de tendencias todavía no han hecho acto de presencia. La etapa siguiente consiste, pues, en tener en cuenta las tendencias, ya

101. Christian Dior, *Dior et moi*, Bibliothèque Amiot Dumont, París, 1956, p. 81.

que ningún creador, incluso en la cima de su gloria, puede dejarlas de lado completamente. Muy pocos lo confiesan, pero basta observar las colecciones de una temporada determinada: existen sorprendentes coincidencias entre los creadores de las diferentes casas.

La moda está separada de la sociedad por una membrana de funcionamiento difícilmente previsible. Algunos acontecimientos encuentran su inmediata trascripción en las tendencias, mientras que otros parecen no ejercer ninguna influencia sobre ellas. Los creadores no ignoran el mundo exterior, simplemente están más atentos a cierto tipo de informaciones que a otro. Generalmente, casi nunca prestan demasiada atención a la actualidad. Para que un acontecimiento los afecte y aparezca en sus creaciones, debe alcanzar las dimensiones de un cataclismo, aunque tampoco llegará a homogeneizar las tendencias. Si bien el 11 de septiembre de 2001 provocó numerosas reacciones entre los diseñadores de moda, no moldeó *su* moda, como pudo verse. Durante algunas semanas que siguieron al drama, los periódicos de moda jugaron la carta de la sobriedad, utilizando, por ejemplo, portadas monocromas.

La escena cultural, en cambio, es seguida mucho más atentamente por los creadores de moda. Agnès B se interesa por el arte contemporáneo, pero también esponsoriza cine joven y escucha *rap* desde hace mucho tiempo; Karl Lagerfeld posee una cultura artística muy amplia y tiene también una galería de arte-librería. Estas inclinaciones incitan a los modistos, de manera casi natural, a alimentarse de influencias estéticas externas a la moda y que, a menudo, se encuentran entre las tendencias del momento. Pocas innovaciones estéticas o musicales se les escapan, ya que su ideología profesional les incita a pensar que todo lo que es nuevo pertenece a su mundo. Muchos disponen de una sólida cultura visual y musical, y normalmente escudriñan las novedades de la escena *rock*, la fotografía o el cine. De esta manera, la moda *grunge* es indisociable del éxito de Nirvana. Y, antes de ella, puede considerarse que la estética *punk* fue poco más o menos que coproducida por el manager de los Sex Pistols, Malcom McLaren, y la diseñadora de moda Vivienne Westwood. McLaren, personaje cínico y extravagante, pensaba que este movimiento debía imponerse a través de su música tanto como por el de sus vestidos, e intentó sacar el máximo provecho de este *business*. Las películas ocupan a muchos espíritus en el seno del universo de la moda, por su participación en el imaginario moderno. Para ser inspiradora, una película debe mostrar una estética singular, como *Bonnie y Clyde*, *West Side Story* o *Los paraguas de Cherburgo*, tres títulos a menudo actualizados por la moda. Algunas películas se convierten así en verdaderos fenómenos de *focalización*.

Un ejemplo reciente: la película de Wong Kar-waï, *Deseando amar*, presentada en Francia en noviembre de 2000 y que reunía todas las características susceptibles de convertirla en popular dentro del ambiente de la moda. El cineasta, confidencial, presentaba un universo completo: un Hong Kong onírico, una estética particularmente relamida, una banda sonora trabajada, una historia –el amor, siempre el amor– que no podía dejar indiferente... Si *Deseando amar* obtuvo un éxito popular (las críticas fueron buenas, la banda sonora arrasó), se convirtió también entre la prensa femenina en una verdadera fuente de inspiración. Numerosas revistas realizaron "temas de moda" alrededor de la película, escogiendo presentar vestidos en una estética que recordaba la de *Deseando amar*. Esta película, pues, es responsable en gran parte de la influencia de una Asia mítica en el trabajo de muchos creadores: Gaultier introdujo temas chinos es sus desfiles; Gucci hizo lo mismo; Galliano sintió la misma *necesidad de Asia* y partió, con todo su equipo, a esta región del mundo: "Volvemos [en noviembre de 2002] de un gran viaje alrededor de Asia, de Hong Kong a Tokio, pasando por Pekín, Shanghai, el campo chino y Osaka. Cuando inicio mis investigaciones, me impregno totalmente del tema. Debo respirar el aire de mi intuición, de ahí estos 'viajes de estudio' que emprendo con mi equipo. Anotamos, compramos, fotografiamos, hacemos croquis. Un objeto, una bolsita de azúcar, la música, un cuadro, un vestido o, incluso, un estúpido botón, ¡todo puede tener un poder de evocación! [...] Decir que el look que vendrá será chino me parece algo demasiado literal. La China me ha emocionado, encantado, excitado, provocado, estimulado. He visto cosas de una gran belleza, otras me han chocado, pero el conjunto es a la vez increíblemente refinado e increíblemente salvaje, una mezcla *very* Galliano, ¿no?".[102]

Pero el *air du temps* no lo hace todo: puede pasar que una tendencia ya plebiscitada se recupere a sabiendas. Un ejemplo: la cazadora motera Gucci, de cuero, aparecida en el otoño de 1999. Era la época de la *gucci-manía* y todo el mundo quería esa cazadora. Todas las marcas la confeccionaron, desde las más pequeñas a las más grandes, algunas en cuero, otras en materiales bastante menos nobles. Evidentemente, esta simultaneidad no se debía al *zeitgeist*: se trataba de una inspiración común, pero posterior en el caso de las marcas que no eran Gucci, a menos que queramos hablar simplemente de copia. La frontera entre la creación y la copia es más débil de lo que se piensa. En efecto, ocurre que las casas más prestigiosas se impregnen de ciertas creaciones de sus rivales. Así, incluso Yves Saint Laurent fue víctima de su sensibilidad al *air du temps*: en 1985 fue condenado por haber tomado prestado un modelo a Jacques Estérel. "La victoria de un patoso sobre Nureyev", comentó Pierre Bergé[103]... Sin embargo, estos casos son raros, pudiendo ser desastrosos para algunos creadores reputados por su creatividad. Además, inspirarse en las tendencias, sin llegar a la imitación, plantea serios problemas técnicos. Para las marcas de gran difusión no es un problema, pero para las demás, las más prestigiosas, ¿cómo proceder?

La creación de una colección comporta numerosas obligaciones. Se empieza por seleccionar los tejidos y diseñar los modelos, después viene el desfile. En septiembre desfila la colección para el verano siguiente; en primavera, la del próximo invierno. Esta obligación de anticipar permite poco margen para el

102. Entrevista a John Galliano, *L'Express*, 2 de enero de 2003.
103. Citado por Laurence Benaïm, *Yves Saint Laurent*, Grasset, París, 1993, p. 360.

error. Afortunadamente, quedan las 'maravillas' que pueden hacerse en el último minuto, dicho de otra manera, después de los desfiles de los demás, sin miramientos. En algunos momentos pueden añadirse, a escondidas modelos que se "toman prestados" a la tendencia. Dos ejemplos: las precolecciones y la colección crucero. Evidentemente, se trata de un desvío del proceso. En un principio –y todavía hoy en la mayoría de los casos–, la precolección consiste en vestidos que no se hacen desfilar forzosamente, pero que se presentan a los compradores porque se trata de básicos o porque no tenían sitio en el desfile general. Como estos vestidos, por definición, no se han visto en el desfile, se puede perfectamente añadirlos después... Lo mismo para la colección crucero, destinada al principio a vestir a las elegantes que viajaban en transatlántico en invierno. ¿Clientela reducida hoy? Evidentemente, pero ahí también se ha desviado el principio y permite, en el transcurso de la colección de invierno, inyectar novedades. Cada casa se proporciona así una segunda oportunidad. En las casas más prestigiosas de la avenida Montaigne, cuando se cambian los escaparates cada cuatro o seis semanas, se añaden vestidos que no existían al inicio de la temporada.

Una casa de costura debe proteger su fuente de riqueza, es decir, la propiedad intelectual. Este combate requiere una cierta pugnacidad frente a las otras casas, pero también frente a algunos industriales, especialmente chinos, que han encontrado esta noción muy abstracta durante mucho tiempo. ¿Qué daño causa la falsificación a la profesión? Es difícil decirlo: estos artículos no se venden generalmente en los mismos circuitos y la clientela no ignora que compra un simulacro. Además, algunos falsificadores dan pruebas de una gran inventiva, prestando a Chanel o Gucci objetos que estas casas nunca han creado y todavía menos comercializado. Tal vez un día esas copias originales se conviertan en *collectors*... En el ínterin, ciertas empresas han decidido que estos objetos contribuyen a su notoriedad. Nike apenas persigue ya a quienes se atribuyen su logo. Y las malas lenguas murmuran que algunos modistos están excesivamente en contra de la copia, porque nunca han sido sus víctimas. No hay mal que por bien no venga: descubrir su marca en un mercado exótico es un indicio más seguro de notoriedad que numerosos estudios.

Tanto para las pequeñas como para las grandes casas, la solución al problema de las tendencias es poder lanzar actualizaciones durante la temporada. La mayoría de las veces, esto pasa desapercibido, ya que se realiza con la suficiente habilidad como para distinguirse de los modelos que han servido de inspiración. Por último, si no se ha reaccionado a tiempo, a menudo es posible ponerse al día al año siguiente. Las modas más punteras, los caprichos, no sobrepasan el marco de la temporada, pero las otras, por el contrario, tardan más en despegar: he aquí por qué todavía hay tiempo de afinar el tiro al año siguiente. ¿Un ejemplo? El bolso Vanessa Bruno: hoy, todas la parisinas conocen y tienen este capazo de lentejuelas. Y, sin embargo, han sido necesarios dos años para que este artículo se diese a conocer: lanzado en 1999, se convirtió en popular en la temporada 2000-2001 y en 2003 continúa seduciendo. Una prueba suplementaria de que la moda dura a veces mucho tiempo, una prórroga que sabe aprovechar el mundo de la "baja costura", cuya profesión consiste en amplificar las tendencias ya establecidas sólidamente.

El circuito corto de las tendencias, o el modelo del Sentier[104]

La moda no respeta a los antepasados. Así, pues, el Sentier está a punto de desaparecer bajo la indiferencia general, incluso cuando sus métodos triunfan. Pero la reencarnación existe: el sistema inventado empíricamente por estos pequeños comerciantes instalados en el corazón de París, es explotado hoy de manera industrial por cadenas como Zara y H&M. Porque el Sentier no es sólo un lugar folclórico que evoca, por ejemplo, el trabajo clandestino o el acento *pied-noir,*[105] es también el in-

104. El Sentier es el barrio parisino donde apareció la pronto moda (N. T.).
105. Francés/a de Argelia (N.T.).

ventor de una manera original de producir vestidos: el circuito corto, traducido al inglés *Quick Response System*.

El Sentier es la versión parisina del barrio especializado en la actividad textil que existe en cada gran ciudad desde hace siglos. Desgraciadamente, estas pocas calles estrechas corren el gran riesgo de incorporarse a otros lugares de la memoria de la industria francesa, de convertirse en un ecomuseo. El Sentier se muere por falta de salidas. Está desapareciendo la red de multimarcas que dotaba antes a las ciudades más modestas de una boutique de *prêt-à-porter*. Hace unos treinta años, 35.000 puntos de venta independientes vestían a los franceses. Hoy, las cadenas especializadas reúnen el 40 % de las ventas, los hipermercados el 15 %, la venta por correspondencia el 10 % y los independientes no realizan más que el 22 % de la facturación de este mercado. Ironías del destino: el Sentier ha muerto como consecuencia de la adopción de sus métodos por competidores más fuertes que él. Algunas grandes marcas nacidas aquí –Kookaï, Morgan, Naf Naf, etc.– perpetúan su recuerdo. Por lo demás, el mercado está dominado por dos nombres familiares: Zara y H&M. El éxito de ambas empresas reposa en la conjugación del circuito corto con una red de distribución controlada directamente.

El circuito corto es una manera heterodoxa de enfocar la moda, privilegiando las tendencias en detrimento de la creatividad. Tradicionalmente, una marca de moda trabaja con *plannings* anticipativos de doce a dieciocho meses, ya que es el tiempo que transcurre, más o menos, entre la elección de tejidos y la entrega de los vestidos a la tienda. Si la primera preocupación de las grandes casas de costura es crear una moda original, susceptible de llamar la atención, el circuito corto se singulariza, *al contrario*, por la obsesión opuesta: fabricar lo más tarde posible, para producir como todo el mundo y no equivocarse de tendencia. El conjunto de este sistema reposa sobre la reactividad y la mayoría de sus características se derivan de este imperativo. Así, para responder de manera óptima a la demanda, la producción se reparte entre varios pequeños talleres, que no siempre respetan las obligaciones legales. A su favor, el Sentier representa un lugar susceptible de proporcionar trabajo a los recién llegados. Ya antes de la guerra, el textil constituía para los inmigrantes, incluso los que no tenían su documentación en regla, una posible fuente de ingresos. Esta característica continúa siendo válida: las comunidades más diversas cohabitan en el seno de la actividad textil, desde los judíos hasta los paquistaníes, pasando por los yugoslavos y los turcos. En detrimento de este sistema, se subraya a menudo la vulneración de los derechos de los trabajadores. Los plazos tan cortos exigidos por este método de producción incitan a recurrir a una mano de obra poco cualificada, a menudo pagada por prenda y, a veces, sin contemplar las leyes en vigor.

Zara o H&M no han hecho más que refinar este sistema, vendiendo en sus tiendas vestidos producidos según el sistema del circuito corto. Como en otro tiempo el Sentier, pero de manera industrial y sistemática, las tendencias y las marcas que funcionan son descubiertas y copiadas de manera más o menos literal. Con este procedimiento, no hace falta ser vidente: permite producir a posteriori vestidos que corresponden a las tendencias del momento. Mezclando 2/3 de básicos y 1/3 de productos "moda", estas empresas pueden permitirse efectuar el lanzamiento de su producción un trimestre antes del inicio de la temporada. Entonces, cualquier profesional sabrá determinar las tendencias del momento. Además, estas empresas reducen los riesgos al restringirse a pequeñas series: en estas condiciones, lo que no se venda sólo puede ser mínimo. El recurso a redes de subcontratantes, quienes fabrican en el sur de Europa o en países bastante más lejanos, permite ofrecer estos vestidos a unos precios muy competitivos. Estas tarifas son tan bajas porque no se paga ningún *royalty* a los creadores de los modelos originales o al Sentier por haber inventado tal método. En resumen: este sistema exime de crear una marca o una moda, pero permite usurpar el éxito.

Provocar el éxito

Las tendencias contribuyen a uniformizar el mercado textil. En estas condiciones, para una marca no es fácil distinguirse. Debido a ello, la moda, más que cualquier otra industria, ha recurrido a la provocación. Hoy, los juegos corporales, lo lícito e ilícito, constituyen una obligación en el universo textil.

La provocación utilizada como recurso para llamar la atención debe mucho a un diseñador llamado Rudi Gernreich. Si bien el gran público ignora completamente quién era este hombre, su trabajo es, por el contrario, muy conocido por los profesionales: Tom Ford ha insistido muchas veces en la deuda contraída con él. Efectivamente, Gernreich presenta esa mezcla, propia del universo de la moda, de oportunismo comercial, sentido artístico y militancia en favor de la liberación de las costumbres; en él se resumen las complejas relaciones entre la moda y el escándalo. Este creador tuvo una oportunidad que tal vez ningún otro podrá conocer: la de promover su nombre mediante un escándalo planetario. Ocurrió al crear en 1964 el *topless swimsuit* (el monokini), que desencadenó una polémica hoy en día difícilmente imaginable. Por más que buscásemos otra creación susceptible de conmocionar tanto a la opinión pública, no la encontraríamos. Pero este creador no solamente nos ha legado el monokini: también hizo de la provocación un ejemplo indispensable para las marcas de moda.

Como muchos otros diseñadores, Gernreich tuvo un destino atípico. Su existencia coincidió con las convulsiones del siglo. El que ha sido considerado el más americano de los creadores nació en Viena, en una familia judía, en la década de los veinte. Desde muy joven conoció penas y sufrimientos: su padre se suicidó cuando él tenía ocho años; después tuvo que huir con su madre –a quien adoraba–, viendo a la muerte pisarles los talones, cuando Hitler tomó el poder. Durante toda su vida, Gernreich luchará contra sus mórbidas obsesiones. Su primer trabajo en Estados Unidos fue en una morgue, lo que le permitió estudiar muy bien el cuerpo humano, como explica con su ácido humor: "Me acostumbré a los cadáveres. Pero sonrío a veces cuando la gente me dice [...] que debo haber estudiado anatomía. ¡Imagina, si no he estudiado anatomía!".[106] Profundizó sus conocimientos de anatomía convirtiéndose en bailarín y redondeó sus finales de mes diseñando vestidos. Su estilo supuso una ruptura con el de los modistos franceses de la época, que entonces estaban en el candelero. Fue Diana Vreeland, la gran crítica de moda del *Harper's Bazaar*, quien descubrió su trabajo y contribuyó a darlo a conocer.

Gernreich sabía hacer que hablaran de él; uno de sus asociados le describía incluso como una "bestia publicitaria". Efectivamente, cada año lograba atraer las miradas contando historias inesperadas, poniendo en escena en sus desfiles vaqueros, payasos, personajes de *kabuki*, monjas o gángsteres. En 1971 llegó incluso a diseñar como accesorios para sus vestidos pistolas y placas de identificación, similares a las de los soldados. Sin embargo, estas puestas en escena tenían sentido para este hombre, convencido de la necesidad de hacer evolucionar las costumbres, miembro de una asociación gay clandestina, la Mattachine Society.

Reflexionando en torno de las últimas transgresiones posibles en materia indumentaria, Gernreich evocó por primera vez la idea del *topless swimsuit*. En septiembre de 1962 declaró al *Women Wear Daily* (*WWD*) que el pecho se exhibiría en menos de cinco años. ¿Estaba la idea en el aire? Otro diseñador, Emilio Pucci, la víspera de la presentación de su colección otoño-invierno, declaró que las mujeres abandonarían la parte superior del traje de baño en menos de diez años. Gernerich se asustó: tuvo miedo de que le robasen la idea. Era a él a quien incumbía la tarea de suprimir esta nueva frontera. Tenía lógica, pensó: a principios de la década de los sesenta, había ido tan lejos con los escotes de sus trajes de baño, que no podía ya más que descubrir el pecho.

106. Peggy Moffit y William Claxton, *The Rudi Gernreich Book*, Taschen, Colonia, 1991, p. 241.

La previsión de Gernreich sobre la supresión de la parte superior del bañador no había pasado desapercibida. A finales de 1963, Susanne Kirtland, de la revista *Look*, le informa que va a consagrar un artículo al *topless swimsuit*. Es difícil escribir un artículo sobre un objeto que todavía no existe... y ¡suplicó a Rudi que lo creara! Gernreich midió los riesgos: "Sabía que este golpe podía destruir mi carrera, ponerme fuera de juego definitivamente, pero la convicción de que se trataba de un concepto justo y mi miedo de ser sobrepasado por algún otro, me impulsaron a aceptar. Encontré que era un poco prematuro, pero, como llegaría en los dos próximos años, ya había integrado y racionalizado el plazo".[107] Gernreich propuso al principio un *sarong* balinés que se quedaba justo debajo de los senos. Susanne Kirtland no lo aceptó: no era demasiado fuerte, no era demasiado provocador. Finalmente creó un bañador con tirantes que descubría enteramente el pecho. Este vestido fue fotografiado en las Bahamas, pero esta vez fue *Look* quien se asustó y sólo publicó la foto de la modelo vista de espalda. Gernreich se venga: la modelo es una prostituta local y él se encarga de hacerlo saber. Además, no está satisfecho con la sesión de fotos y se organiza una nueva con su modelo preferida: Peggy Moffit. El diseñador está decidido a difundir esos clichés entre las diferentes revistas del país, evitando *Playboy* y las publicaciones especializadas en el desnudo. Pero, sorpresa, nadie se atreve a publicarlos: *Life* y el *Harper's Bazaar* rehusaron; *Newsweek*, después de discutirlo, decide publicar la silueta de espalda; sólo el *WWD* acepta finalmente publicar una foto de cara de Peggy.

Desde entonces, Gernreich va a pelear para lanzar el traje de baño, al mismo tiempo que clamaba que nunca había pensado en hacerlo fabricar, que sólo se trataba de un prototipo destinado a quedarse en sus carpetas. Acompañado de Peggy Moffit, vestida con un kimono debajo del que llevaba el famoso *topless swimsuit*, acudió a una cita con Diana Vreeland. Cuando la pe-

---

107. *Ibíd.*, p. 243.

riodista del *Harper's Bazaar* le pregunta sobre el bañador, Peggy se quita su kimono. Gerneich fue interrogado sobre las razones por las que había concebido una tal prenda. En su deseo de ir hasta el final, la libertad parece ser una de sus preocupaciones centrales. La sinceridad y la búsqueda del erotismo eran sus otras dos motivaciones. A Gernreich le llamaba la atención la atracción de la cultura americana por las grandes delanteras. Y le parecía hipócrita conservar esta fascinación sin desvelarla.

El *topless swimsuit* provocó un escándalo sin precedentes. Gernreich logró vender 3.000 bañadores. La cifra es modesta, pero el modelo ya era universalmente famoso. Algunos grandes almacenes lo encargaron, pero sus directivos, pasando por encima de la decisión de los compradores, decidieron rechazar la entrega. Varias tiendas que aceptaron vender el traje de baño tuvieron que plantar cara a manifestaciones y uno de esos puntos de venta, situado en Detroit, recibió incluso amenazas. En Moscú, otro periódico, *Izvestia* (15 de julio de 1964), especulaba sobre hipotéticos vestidos de noche *topless*. El modo de vida americano, escribió, favorecía todo lo "que resquebraja la moral y los intereses de la sociedad en favor del ego. La decadencia de la sociedad del dinero continúa". El papa prohibió el uso de este artículo, pero la actitud más indignada fue la del alcalde de Saint-Tropez, que declaró que, en caso de disturbios del orden público, recurriría a helicópteros para patrullar por encima de las playas (*The New York Times*, 2 de julio de 1964). Una discoteca de San Francisco se dio a conocer explicando que una de sus gogós no dudaría en vestir el famoso bañador. Una joven de Chicago intentó bañarse con él y fue detenida e inculpada por "llevar un vestido inapropiado para el baño". Después de la lectura del acta de acusación, pidió que el jurado estuviese compuesto enteramente por hombres.

A continuación, Gernreich se especializa, incluso naufraga, en la provocación. Siempre atraído por los senos, lanzó en 1965 el *No Bra*, el anti-sujetador, realizado en un material transparente. Mientras que el *topless swimsuit* fue un gran éxito de estima, el *No Bra* fue un gran éxito comercial. Gernreich diseñó una línea de vestidos para la cadena de almacenes Montgomery Ward y se convirtió en el primer diseñador que distribuía vestidos con su nombre en un gran almacén popular. En diciembre de 1967, Gernreich apareció en la portada de *Time* como el "diseñador más excéntrico y más vanguardista de Estados Unidos". Este reconocimiento público le fue fatal: se encerró en la provocación, autoparodiándose. Su necrofilia afloró; con acritud proclamó el final de la moda, del pudor, de las obsesiones, de la distinción masculino/femenino... En 1968, el *WWD* escribió que estaría mejor que el que se retirara fuera él. Después de un año sabático, volvió y en 1974 propuso un –otro– nuevo traje de baño: el tanga. Justo antes de morir, en 1985, y bajo la indiferencia general, creó el *pubikini*, que dejaba el pubis semidescubierto y se suponía que el vello púbico debía teñirse de un color similar al del bañador.

Más allá de estos vestidos anecdóticos, Gernreich marcó el camino del uso de la provocación en el campo de la moda. Otras marcas invirtieron en este territorio, utilizando esta vez la publicidad, pero siempre dando pruebas de la misma duplicidad. En 1971, Yves Saint Laurent posó desnudo para promover el perfume que llevaba sus iniciales. En la misma época, el fotógrafo Guy Bourdin realizaba una serie de fotografías de desnudos eróticos, convertidas en míticas, para promocionar la marca de zapatos Charles Jourdan. Algunos años más tarde, Calvin Klein subió el listón, utilizando a una Brooke Shields de dieciséis años, que murmuraba: "No hay nada entre mi Calvin y yo". Pero fue con Gucci, en 1998, cuando la provocación toma otro giro, marcando los inicios de la era del porno-chic.

La moda del porno-chic

La moda del porno-chic, iniciada en 1998 y finalizada en 2002, removió las conciencias porque representaba la cúspide en el uso de la provocación de carácter sexual para vender vestidos. Nunca tantas marcas habían utilizado simultáneamente, fotografías de connotación sexual para llamar la atención.

En 1998, una foto que ilustraba una campaña de Gucci sugería una felación. En otoño de 1998 Calvin Klein calentó el ambiente en "su" territorio. Habitual de las campañas provocadoras, juega con la androginia, insistiendo en la elección de modelos evidentemente demasiado jóvenes, y presenta unas imagenes de adolescentes en un sótano, adoptando sugestivas poses. Nueva York se indigna y la campaña es retirada de las marquesinas de los autobuses. Después de estas dos campañas, la moda estaba lanzada y a las demás marcas no les quedaba más que continuar el juego. Dior, en la primavera de 2000, promueve el chic lésbico, que acaba pareciendo un safismo *trash*, con soberbias criaturas jugando a los mecánicos, con el cuerpo manchado de grasa. Algunos meses más tarde, el grupo Gucci compró la firma Yves Saint Laurent y decidió aplicarle el mismo método que había permitido relanzar al marroquinero italiano. Resultado: la nueva campaña para el perfume Opium muestra a una joven evocando el onanismo y, la siguiente, a otra desnuda, rodeada de hombres desnudos, tal vez un equipo de fútbol, reunidos en el vestuario. A partir de entonces, el porno-chic fue percibido por los anunciantes como ley y se consideró imposible proponer una campaña de publicidad para una marca de moda fuera de este registro. Desde entonces, todo es posible: violación, muerte, zoofilia, etc. El creador de zapatos Cesare Paciotti presentó a mujeres mostrando sus braguitas, sentadas sobre tumbas. Ungaro prefiere a mujeres que simulan hacer el amor con estatuas, más tarde en situaciones equívocas con perros. Las marcas más clásicas quieren encanallarse, considerando que su discreción puede perjudicarlas a largo plazo. De repente, Weston, a principios de 2001, muestra a un hombre del que sólo se ve el zapato sometiendo a una mujer semidesnuda; La City eligió una mujer desnuda, en braguitas y a cuatro patas, delante de un rebaño de ovejas. Ante las protestas, estas dos marcas fueron obligadas a rectificar. En 2003 la tendencia se quemó y la publicidad de moda ha pasado a otra cosa. Uno de los clichés utilizados por Gucci para su campaña pone en escena a un bebé desnudo sostenido tiernamente por su madre, vestida con pantalones: el niño chupa púdicamente el pecho de su mamá. Sin embargo, el "bebé chic", aunque logra imponerse, no quita el misterio a la moda que lo ha precedido.

No obstante, sería un error reducir el porno-chic a una tentativa para conmover las conciencias. Esta lógica existe, evidentemente. Cada consumidor se ha convertido en una especie de *commercial veteran* expuesto a 1.500 mensajes diarios. Para distinguirse, las empresas deben jugar a ver quién da más. En este juego, las marcas de moda parten con un serio handicap: sus presupuestos de publicidad son ridículos comparados con los de otros sectores. Según un estudio inglés,[108] ningún productor o distribuidor textil aparece en la lista de los 100 primeros anunciantes en 1998.[109] La primera marca textil en este sector es Levi Strauss, que gasta el 1,3 % del presupuesto de publicidad del primer anunciante.[110] Desde entonces, para ganar visibilidad, las marcas de moda se han visto incitadas a optar por estrategias de comunicación radicales. En este contexto, la sexualidad constituye para ellas una prolongación casi natural. Esta provocación es tanto más bienvenida, cuanto que acompaña el retorno de ciertas firmas. Así, la campaña de Dior de la primavera de 2000 ha contribuido a aumentar las ventas un 41 %.[111] Este tipo de comunicación chocante, incluso obscena, se ha utilizado conscientemente para promover la imagen de una marca antes demasiado discreta.

Como en el caso de Gernreich, la elección de las estrategias de provocación que utilizan la sexualidad no sólo se explica por una lógica comercial. El porno-chic nació en un momento en el que ciertas marcas, siguiendo el ejemplo de Gucci, produ-

108. La legislación francesa impide a los distribuidores en general, marcas textiles incluidas, hacer publicidad en la televisión.
109. *Marketing*, "Top 50 brands of the decade", 12 de agosto de 1999.
110. Un estudio inglés de 1999 muestra que British Telecom ha invertido más en publicidad, en 1997, que todo el sector textil junto, y que la mayoría de los grupos textiles tienen una ratio de publicidad sobre su facturación del orden de 0,1 a 0,2. Este *score* es débil: a título de comparación, sectores con una gran concentración publicitaria, como los juguetes o los laboratorios farmacéuticos, llegan a unos *scores* de 8, incluso de 11 (M. J. Waterson, *Advertising Statistics Year-book*, Advertising Assotiation, Londres, 1999).
111. Stéphane Marchand, *Les Guerres du luxe*, Fayard, París, 2001, p. 159.

cían sus imágenes publicitarias sin recurrir a una agencia. El director artístico se convertía en el principal creador de la campaña, enfrentándose a la figura del fotógrafo. Dos de los más importantes promotores de esta tendencia, Tom Ford (entonces director artístico de Gucci) y el fotógrafo Terry Richardson, han reivindicado siempre públicamente la importancia del sexo en su vida. Cuando se pregunta a T. Richardson sobre el por qué de esta moda, responde: "¡Porque amo el sexo! Y amo a quienes lo practican, hombres o mujeres. ¡Nada me aburre en el sexo! A partir del momento en el que uno mira lo que pasa a su alrededor, y el sexo forma parte de ello, es absolutamente lógico que lo fotografíe. Es genial crear imágenes que exciten a la gente. [...] La gente estaba demasiado bloqueada respecto a este tema y se me ha colocado una etiqueta de fotógrafo porno. Pero creo que solamente es un aspecto más de mi trabajo y no me disgusta que ahora me coloquen esta etiqueta, incluso, en cierto modo, me reconforta. Y no va a impedir que siga haciéndolo mientras me apetezca".[112] Tom Ford reacciona de manera similar, ya que explica que él escogió "trabajar con grandes fotógrafos para mostrar una visión que se supone ha de atraer la atención del público, incitarlo a entrar en las tiendas, probarse los vestidos e, idealmente, comprarlos. [...] El sexo no tiene nada de vulgar, incluso cuando se evocan las formas de coitos asimiladas a actos perversos, desde el momento en que es practicado entre adultos consintientes. [...] Ya se sabe por qué las imágenes que abordan el sexo se clasifican de esta manera. Todo corresponde a la religión, que lo demoniza. [...] Por esta razón he escogido vivir en Europa [en lugar de los Estados Unidos]".[113]

Esta forma de hedonismo libertario existe en la moda como en otros medios artísticos. Esta fascinación por la pornografía se ha desarrollado más o menos a la vez que en el arte contemporáneo y ha dado lugar a algunas manifestaciones comunes: el artista francés Édouard Levé organizó la escenografía del desfile

112. *Max*, nº 139, agosto de 2001.
113. *Vogue París*, abril de 2003.

de Gaspard Yurkievich del verano de 2003, en París, poniendo en escena a hombres recreando cuadros de películas pornográficas. Estos montajes están impregnados de ironía y se diferencian de las provocaciones serias llevadas a cabo por Benetton.

Benetton, o los límites de una estrategia de provocación

A pesar de toda su buena voluntad, y del descaro que las acompaña, los resultados de estas estrategias de focalización no siempre son los esperados. Muchas marcas han recurrido al porno-chic sin, no obstante, convertirse en tendencia. Y lo mismo ocurre con otra forma de provocación, esta vez de carácter social, utilizada por la marca Benetton.

El fotógrafo Oliviero Toscani tiene en Benetton el papel de Terry Richardson en la promoción del porno-chic. Su deseo era utilizar la fuerza del medio publicitario para alertar a la opinión pública sobre grandes causas, como el hambre en el mundo o la pena de muerte. Estas campañas desencadenaron importantes protestas, ya que la marca se convirtió en sospechosa de querer promocionar sus productos mediante una comunicación radical. Además, existía un importante desfase entre la prudencia de las prendas de la marca y el carácter provocador de los anuncios. Pocos estudios se han consagrado a las consecuencias de esta comunicación sobre las ventas de la marca Benetton; uno de ellos intentó medir los efectos del anuncio lanzado en 1991, donde se veía a un cura católico besando a una monja en la boca.[114]

Normalmente, una publicidad se evalúa sobre cuatro criterios:

- el reconocimiento (asegurarse que el anuncio no ha pasado inadvertido);

114. Estudio de Christian Pinson y Vikas Tibrewala, *United Colors of Benetton*, Insead, 1996, comentado por Michel Chevallier y Gérard Mazzalovo, *Pro Logo*, Éditions d'Organisation, París, 2003. [Versión castellana: *Prólogo. Por qué las marcas son buenas para usted*, Belacqua, Barcelona, 2005].

- la atribución (verificar que la persona objetivo asocia bien el anuncio con la marca que lo ha pagado);
- el beneplácito (la persona objetivo debe decir si aprecia o no el anuncio);
- la intención de compra (la persona objetivo debe pronunciarse sobre el hecho que el anuncio "promueve o no el deseo de compra").

Las empresas dan mucha importancia a estos tests, porque generalmente son las únicas cifras acerca de las consecuencias de una publicidad. Los resultados obtenidos por la publicidad Benetton de 1991 estaban contrastados. Como campaña provocadora obtuvo muy buenos niveles de reconocimiento y atribución, indicadores especialmente vigilados: el anuncio de los "religiosos" tuvo un nivel de reconocimiento casi un 50 % superior a la media; su atribución fue un 3,28 superior a la de un anuncio estándar. El visual marcaba las mentalidades y el público lo atribuía, efectivamente, a Benetton. Respecto a los niveles de beneplácito se produjo la sorpresa, ya que están conformes por completo con los estándares: al 59 % de las personas interrogadas les gustó el anuncio y el 38 % (sólo un 3 % más que los estándares IPSOS) lo rechazó. En consecuencia, era probable que las indignaciones expresadas sobre esta campaña se circunscribieron a un pequeño entorno. Pocos individuos parecen hoy dispuestos a desaprobar una fotografía, además plásticamente notable, de dos miembros del clero besándose. Es lo mismo para los demás temas de las campañas Benetton, que son tal vez más consensuales de lo que se piensa. En cuanto último criterio, las intenciones de compra, arrojan índices superiores a los estándares (entre un 13 % de deseo y un 4,5 % de rechazo de media): el 21 % de los sondeados declararon querer comprar Benetton y el 36 % afirmaron no tener intención. Desde entonces, este tipo de publicidad se considera "discrepante", ya que exacerba las reacciones de adhesión o de rechazo.

Delante de estos números, la estrategia de Benetton en los noventa consistió en continuar. Sin embargo, esta decisión ocasionó algunos problemas. Para empezar, es difícil imaginar el clima que reina en el seno de una empresa cuyo nombre se abuchea fuera de ella. A pesar de estas dificultades y de las protestas de los vendedores, inquietos por las reacciones del público, la estrategia se mantuvo. Tal elección estratégica, forzosamente, no parece racional, pero Benetton se ha diversificado mucho y el textil no significa más que una mínima parte de lo que hoy se ha convertido en el cuarto grupo industrial italiano, con un volumen de facturación de 7 millardos de euros. Al final, la interrupción de este tipo de publicidad se produjo en 2000, después de una campaña que mostraba fotos de condenados en el corredor de la muerte de cárceles de Estados Unidos, lo que desencadenó una avalancha de críticas denunciando el cinismo de la marca. Los 450 almacenes de la cadena Sears cesaron inmediatamente de distribuir la marca Benetton, que se vio obligada a presentar excusas a las familias de los presos y a separarse de Oliviero Toscani algunos meses más tarde. En cuanto a los demás vendedores, 2.000 de las 7.000 tiendas abandonaron el grupo entre 2000 y 2003.[115]

Hoy, este tipo de comunicación parece desfasado con el *air du temps*. Algunas marcas, siguiendo el ejemplo de Camper o Diesel, se entregan al discurso social, pero, a diferencia de Benetton, lo hacen con ironía; una diferencia que modifica radicalmente la percepción de sus mensajes. La ironía, como se verá, va muy bien a la moda actual.

115. *Management*, enero de 2003, p. 16.

5. Las leyes de las tendencias

A veces llega el momento de hacernos verdaderas preguntas: ¿bolsos o bolsas? ¿Botas o botines? Muchos de nuestros contemporáneos intentan, angustiados, adivinar la moda del mañana. Es difícil calmar su ansiedad. Como hemos visto, las preguntas que empiezan por un "¿Por qué?" no son pertinentes en el ámbito de las tendencias y el "Porque sí" parece ser todavía la mejor respuesta. Sin embargo, como suelen decir los niños, "porque sí no es una razón". Efectivamente, la moda no obedece al azar, sino a un proceso todavía más imprevisible: una elección colectiva. Para adivinar de qué estará hecho el mañana, hay que ponerse en el lugar de miles de individuos que plebiscitan una forma o un color en detrimento de otro. Esta masa ignora la mayor parte de las reglas, pero respeta al menos una sin saberlo: la ley de Poiret. En su evolución, todo vestido parece sometido, a esta regla descubierta por el famoso creador.

La ley de Poiret

La moda está hecha de una suma de decisiones singulares: las de los diferentes individuos que deciden, o no, seguir sus dictados. Pero la psicología de estos individuos está sometida a algunos principios. Poiret, al principio del siglo xx, pensaba haber descubierto uno de ellos, formulando una ley que merece llevar su nombre.

La ley de Poiret podría resumirse en lo siguiente: si tiras demasiado de la cuerda, al final ésta se rompe. En efecto, como se sabe, las modas nacen generalmente en pequeños ambientes preocupados por desmarcarse y después se difunden rápidamente entre la población. Desde entonces, hay una alternativa: o bien la población inicial busca distinguirse todavía más, radicalizando la indumentaria que enarbolaba al principio; o bien la moda se difunde, caricaturizándose. Este simple fenómeno, observable en una multitud de casos, lo resumió Poiret estimando que "todo exceso en materia de moda es signo del final",[116] ofreciendo incluso una ilustración concreta de esta regla que aplicó al caso de los sombreros. Pronto, profetizó, se simplificarían. ¿Por qué esta previsión? Porque se había percatado de que "estaban cubiertos de hojas, de flores, de frutas, de plumas, de lazos". Con humor, el modisto explica haber recibido a una delegación de industriales fabricantes de esos elementos decorativos que venían a suplicarle restableciera la moda anterior que les permitía vender tantos adornos. Poiret confiesa su impotencia, explicando que se trataba de un deseo de la clientela contra el que no podía hacer nada.

Las modas indumentarias, pero también las corporales, ofrecen otras ocasiones para verificar la ley de Poiret. En los años setenta, un pendiente bastaba para permitir a un chico singularizarse. Diez años más tarde, esta práctica se había convertido en algo banal, había que ir más lejos. Ciertos músicos, especialmente entre el ambiente alternativo parisino, empezaron a multiplicar los pendientes, mientras que otros ironizaban sobre estas verdaderas "barras de cortina" ambulantes. Este fenómeno poseía un límite físico evidente y también tuvieron que perforarse otras cosas además de las orejas. A finales de la década de los ochenta, empezaron a verse aros traspasando la nariz. Hoy, el fenómeno del *piercing* se ha generalizado: sus límites se han extendido, ya que es posible practicarlo por todo el cuerpo. Así, Gucci ha vendido, hace algún tiempo, un aro para adornar los pezones. Pero la banalización de esta práctica obliga a adoptar otros artificios a los más preocupados por su singularidad. Como también los tatuajes se convirtieron en algo demasiado vulgar, se ha llegado al límite con dos técnicas que han puesto el listón muy alto: la escarificación y la inclusión de prótesis de silicona bajo la piel.

La ley de Poiret se aplica a todo fenómeno que tiene un límite físico preciso. Tanto el largo de las corbatas como el ancho

116. Paul Poiret, *Vistiendo la época*, *op. cit.*

de los pantalones "pata de elefante" están sometidos a límites que no pueden traspasarse. Éstos no son siempre tan espectaculares como los de la crinolina, que a veces era tan incómoda que imposibilitaba el bajar escaleras. Sin embargo, cuando se alcanzan los límites físicos, la neomanía lleva a abandonar estas modas para encontrar otras. Última ilustración de esta barrera infranqueable: los pantalones tejanos de talle bajo. Para el verano de 2003, algunos modelos entre los más populares llegan al nivel del hueso ilíaco. Imposible ir más abajo, a menos que no se conviertan en otra cosa... Puede afirmarse, entonces, sin ser adivino, que el fenómeno del talle bajo encontrará ahí su punto final. Es lo que ciertos creadores han pensado probablemente para la colección del invierno de 2004, ya que quisieron relanzar el peto, dicho de otra manera, el maxi talle alto.

La mayoría de los creadores tienen en cuenta, sin poder nombrarla nunca, la ley de Poiret. Por ejemplo, he aquí cómo justifica Helmut Lang la elección de ciertos tejidos: "En un momento dado hubo demasiadas imitaciones de tejidos basados en innovaciones técnicas –imitaciones de mala calidad, *cheap*–. Es entonces, hacia 1997, cuando empecé a volver a las materias naturales, muy lujosas. Hoy se utilizan, especialmente para abrigos y vestidos, muchas telas inglesas que a veces se han tejido a la manera antigua y son más pesadas, más sólidas. Incluso antes de estar trabajadas respiran costura. [...] También el tul sintético, que utilizaba antes, lo he sustituido por un tul de seda *stretch*".[117]

Una colección eficaz parte de las tendencias existentes antes de proponer otras nuevas para el futuro: en este ejercicio, las distancias (demasiado) grandes están siempre proscritas. Es imposible, por ejemplo, pasar de una tendencia consolidada de zapatos de punta redonda a otra de punta cuadrada sin inyectar, progresivamente algunos modelos de este nuevo tipo de calzado, a fin de medir la actitud de la clientela. Así se procedió con

117. *Mixte*, nº 15, otoño-invierno 2001-2002.

el tejano. Desde 1998, a muchos creadores les apetecen tejanos *seventies*, pantalones que se singularizan de dos maneras: un talle bajo y unas perneras evasés hacia el bajo (patas de elefante o *bootlegs*). Como se sabe, de temporada en temporada, el movimiento se ha acentuado, pero únicamente en cuanto al talle, mientras que las patas de elefante no han seducido, al menos en su versión más exagerada.

La profecía auto-realizadora

Los sociólogos tienen pocas certezas, pero la *self-fulfilling profecy*, o profecía auto-realizadora, forma parte del reducido número de reglas que parecen dotadas de una validez casi absoluta en el ámbito social. Este mecanismo describe perfectamente el entusiasmo suscitado por ciertos objetos o algunas tendencias en particular.

Según la profecía auto-realizadora, cuando los hombres consideran una cosa como real, ésta acaba convirtiéndose en realidad con todas sus consecuencias. Para Robert Merton –uno de los primeros sociólogos que dio nombre a este mecanismo–, existe ahí un criterio que permite distinguir lo social de lo natural. En efecto, "las definiciones colectivas de una situación (profecía y previsiones) forman parte integrante de la situación y, por ello, afectan a sus ulteriores desarrollos. Este hecho es específico del hombre y no se encuentra en la naturaleza. Las previsiones sobre el retorno del cometa Halley no repercuten en su órbita, pero el rumor de la insolvencia del banco de Millingville tuvo una consecuencia directa sobre su suerte. Profetizar su hundimiento fue suficiente para provocarlo".[118]

Aplicada al ámbito de la moda, la profecía auto-realizadora sugiere que basta que un objeto sea decretado "tendencia" por una persona *habilitada* para que, en efecto, se convierta en tal.

---

118. Robert K. Merton, *Éléments de théorie et de méthode sociologique*. Armand Colin, París, 1997, p. 139.

Evidentemente, no se beneficia cualquiera de este don, que procede de un mecanismo tan misterioso como el carisma. Están reconocidos como profetas de la moda los estilistas, como también ciertas estrellas, actores, actrices, cantantes, etc. La selección es tan injusta como la que preside la elección de las tendencias, incluso más, porque no tiene en cuenta en absoluto el talento o las cualidades espirituales prestadas a estas "guías indumentarias". Gwyneth Paltrow no ha dejado un imperecedero recuerdo cinematográfico; nadie saldrá en defensa del talento de Kylie Minogue... pero ambas permanecerán en materia de moda, como "profetas" escuchadas.

El mecanismo de la profecía auto-realizadora es muy conocido entre los profesionales de la moda, quienes lo utilizan conscientemente. Los *people* se benefician así de una atención especial en la prensa femenina. Un bolso de Fendi –el Biga Bag– será decretado indispensable en virtud de una escrupulosa aplicación de la regla de Merton: "En materia de moda, es un indicador infalible: si Sarah Jessica Parker, Sharon Stone y la rapera Eve lucen el mismo accesorio, es que el objeto está en camino de convertirse en objeto de culto. [...] ¡Los oráculos de la moda le predicen un fabuloso destino!".[119] Tal predicción justifica que se presten o regalen artículos a los famosos. El regalo de 300 Biga Bag, incluso realizados en una versión *collector* en rejilla de plata, bronce y oro incrustada de cristales Swarovski, sigue siendo una buena manera de popularizar la marca.

La profecía auto-realizadora puede desembocar en fenómenos miméticos de gran magnitud. Es inútil intentar adivinar por qué algunos chicos utilizan el abanico para soportar el calor en los desfiles de alta costura de la temporada otoño-invierno, tradicionalmente programados en julio... La sombra de Karl Lagerfeld y de su famoso abanico planea cercana. Desde luego, la profecía auto-realizadora puede hacer y deshacer modas con la misma eficacia. De ahí provienen las consecuencias, a veces

119. *Elle*, 24 de marzo de 2003, p. 26.

temidas, de la sección *out* de ciertas publicaciones periódicas, habiendo sido el *WWD* la primera en fulminar excomunicaciones en este ámbito. Este mecanismo puede aplicarse a cualquier tendencia. Así, desde que Alber Elbaz, director artístico de Lanvin, proclamó que no había nada más vulgar que la mujer de un futbolista, se ha constatado, en estos últimos tiempos, que las apariciones de estas criaturas, anteriormente más escrutadas que sus maridos, son cada vez menos frecuentes.

Hay que rendirse a la evidencia: el fenómeno de la profecía auto-realizadora puede aplicarse a cualquier objeto. El profeta importa más que el mensaje y por eso funcionan tan bien las estrellas. Pero para la moda, la estrella más grande del momento se llama Colette.

Colette, la profeta

Las *concept stores* son unas tiendas donde se vende la profecía auto–realizadora: aspiran a proponer a una clientela, cuidadosamente escogida, unos productos que no lo son menos. Estos puntos de venta basan su legitimidad en su capacidad de prever lo que será la moda del mañana, asumiendo la función de prescriptores infalibles. Por supuesto, los más importantes hacen trampas, equivocándose raramente sobre la moda futura, ya que son ellos quienes la forjan. Cada una de sus trampas refuerza su poder.

Como hemos visto, el antepasado de este tipo de tienda fue creado a principios de siglo por el modisto Poiret, con su "boutique de la *maison* de Rosine", donde vendía sus productos. La versión multimarca apareció en la década de los setenta, cuando Didier Grumbach, actual presidente de la Federación Francesa de la Costura, dotó al grupo Creadores e Industriales de un punto de venta en la rue de Rennes, en 1973. En esta boutique se encontraban muebles, objetos de diseño y vestidos. Entre los creadores propuestos al público destacan Montana, Mugler o Jean-Paul Gaultier. Pero el grupo se disolvió en 1976, por un desacuerdo entre los accionistas. Otro paso, en otro continente: la boutique Joyce, fundada en 1971 en Hong Kong por Joyce Ma. A diferencia de Creadores e Industriales, esta boutique no pertenecía a ninguna agrupación, conformándose con seleccionar y distribuir vestidos de gama alta y de vanguardia, tanto para hombres como para mujeres, con la exclusiva de distribución de algunos de estos artículos. Por último, otro ejemplo de este tipo de distribución específica es la cadena Bon Génie-Grieder, que propone en sus tiendas de Ginebra y Zúrich una selección de marcas prestigiosas.

Sin embargo, la más conocida hoy en el mundo de estas *concept stores* es parisina y se llama Colette, del nombre de su propietaria –Colette (Rousseaux)–, convertida en la gran sacerdotisa de la profecía auto-realizadora. Esta profesional de unos cincuenta años, tan discreta como famoso es su punto de venta, tuvo la audacia de invertir, en 1997, en una tienda de 700 m^2 situada en un tramo, hasta entonces un poco abandonado, de la *rue* Saint-Honoré. Este vasto espacio consagra su primer piso a la moda masculina y femenina, y la planta baja a una selección de productos de diseño y a un *corner* de zapatillas deportivas. El sótano acoge un *water bar* que propone aguas de todo el mundo y donde puede encontrarse una selección de libros y una galería de arte. ¿El punto en común de este inventario sin ton ni son? Todo lo que se encuentra en este punto de venta está de moda o se supone que lo estará. Por ejemplo, esta tienda es directamente responsable del éxito de objetos tan útiles como el patinete o del renacimiento de marcas de zapatillas deportivas como Converse o New Balance. Una gama de productos capilares –John Frieda– ha conseguido hacerse un hueco en los grandes almacenes primero y en las cadenas de perfumería después esgrimiendo como referencia este templo de las tendencias. El principal secreto del equipo de Colette es tanto su olfato como su contribución a generar creencias en materia de moda. Hoy, este punto de venta se ha convertido en un lugar indispensable para todos los profesionales de la moda. Pocos lugares más se han beneficiado de este aura.

La profesión anterior de Colette no ha sido ajena a su éxito actual. Anteriormente, la dama dirigía Polo, uno de los famosos mayoristas del Sentier. El papel de un mayorista es el de hacer una preselección para los detallistas, quienes así pueden comprar sin miedo a cometer un error. El rol de la tienda de la rue Saint-Honoré es idéntico, excepto en un matiz: que suprime un intermediario. Aquí, Colette selecciona y propone directamente al consumidor final. Polo no significaba nada para los *fashion victims* y poca cosa para los profesionales externos al Sentier. Colette, en cambio, se ha convertido en un destino turístico apreciado: figura en todas las guías, se le consagran programas de televisión, reportajes.[120] Quienquiera que trabaje de cerca o de lejos en una profesión relacionada con la moda la visita regularmente: la tienda funciona como una especie de salón del *prêt-à-porter* permanente.

¿Cómo se ha convertido Colette en Colette? En el origen de esta *concept store*, hay una profesional habituada a presentir las tendencias, dicho de otra manera, a conjugar lo más puntero del momento con lo comercial. Un emplazamiento ni demasiado cerca ni demasiado lejos de los *hot spots* de la moda. El lugar sabe mezclar hábilmente el *shopping* y lo *fun* (divertido), se encuentran productos de todos los precios, desde la goma por dos euros hasta el reloj por unos cuantos de miles de euros. Colette ha innovado mucho, llegando hasta la audacia de emplear vendedores jóvenes y simpáticos, incluso cuando la tendencia eran las caras impasibles. Y de repente, hasta los vendedores de Colette se venden bien y las demás tiendas intentan hacerles abandonar el trabajo para contratarlos, incluso uno de ellos trabaja en la televisión.

Aunque haya tratado de saberse cómo hace Colette para adivinar qué vestidos serán tendencia, ya no se intenta. La tienda no está pendiente de la moda, sino que la moldea, incluso con una influencia inédita sobre sus evoluciones. Hoy, en virtud de la

---

120. Véase el hilarante documental de Loïc Pringent y, para los que no tengan televisión, el artículo del mismo autor aparecido en *Mixte* (1 de febrero de 2003).

profecía auto-realizadora, un artículo seleccionado por la tienda atraerá necesariamente la atención de otros compradores de moda. Así, la etiqueta "Visto en Colette" ha adquirido carácter de legitimación. Los profesionales pasan por la tienda sistemáticamente para descubrir las marcas, inspirarse en las formas, comprar los productos para estudiarlos u observar el *look* de la clientela. Desde luego, no todo lo que se encuentra en Colette se convierte en moda. Los vestidos más improbables siguen siendo difíciles de llevar, ya se vendan aquí o en otro lado; las camisetas desgarradas de *imitation of Christ* están condenadas a seguir siendo marginales. Qué le importa a la tienda... las compras de los vestidos más osados se hacen en pequeñas cantidades. Por lo demás, las marcas despliegan todo tipo de audacias para obtener el *imprimatur*. Es así cómo Dior Homme ha mediatizado con creces su presencia en Colette, cuando se trató de probar que la marca era de nuevo tendencia. Por otro lado, el éxito de la tienda es tal que hoy pide, si no la exclusividad, al menos una serie especial concebida únicamente para ella. Piezas únicas para el sanctasantórum, objetos en serie para las tiendas ordinarias... Así, se encuentran zapatillas deportivas Converse en Colette, principalmente modelos *collectors*, como por ejemplo el modelo, imposible de encontrar, con la estrella negra, un ejemplar de una serie limitada Fendi, repintado por el grafitero americano Kaws; o también un par customizado por Chrome Heart, que da lugar a extrañas manifestaciones: Colette relata que, en Japón, un iniciado se había quedado mirando fijamente sus Chrome Heart y, cuando le contestó afirmativamente a la pregunta de si eran un modelo auténtico, "se agachó para acariciarlas".[121]

Mientras Colette siga siendo legítima, la eficacia mágica de sus elecciones no se desmentirá nunca. La moda estará hecha, en parte, de sus selecciones. Pero el misterio del carisma quiere que, por más que se imiten los gestos, no se consiga reproducir los efectos: no se puede pedir peras al olmo. Se intentó una

121. Citado por Marie-Pierre Lannelongue, *Elle*, 25 de marzo de 2002, p. 98.

pálida copia de Colette (Beauty by Et Vous), pero cerró sus puertas algunos meses después, bajo la indiferencia general. Mientras tanto, las copias de Colette continúan multiplicándose, afectando hasta el *lounge* de la Cathay Pacific, en Hong Kong, que parece haber inspirado directamente. Pero la prueba más sorprendente del misterio del carisma es Milan Vukmirovic: este hombre está en el origen del concepto de la tienda de la rue Saint-Honoré, ya que le habría "soplado" la idea a Colette durante una cena. Durante tres años ha sido uno de los personajes más poderosos del planeta moda: él seleccionaba el *prêt-à-porter* para el punto de venta. Cuando estaba en su cátedra no cometía ningún error: era el principal artífice de la justicia de las elecciones collettienses. Más tarde se fue a trabajar a otro lado. Después de una escala relámpago en el grupo Gucci, Milan Vukmirovic se convirtió en el director creativo de Jil Sander, al marcharse la fundadora de la marca. Pero fuera del "templo", Milan V. no gozaba ya de sus poderes. Si anteriormente sus elecciones se imponían a todo el conjunto de la tribu de la moda, en Jil Sander, por el contrario, su poder mágico se había volatilizado y fue despedido rápidamente. El carisma, esta "cualidad extraordinaria [...] de un personaje [...] dotado de fuerzas o características sobrenaturales o sobrehumanas",[122] no es un poder transmisible: no era Milan Vukmirovic quien lo tenía, sino Colette en persona.

La *people* profeta

Poiret, buen conocedor de la profecía auto-realizadora, no dudaba en utilizar el carisma de ciertas actrices en provecho de su marca. De esta manera, sabía que invitar a Isadora Duncan permitiría a su firma hacerse con parte del aura de la gran dama. Durante muchos años, el procedimiento fue poco explotado. Así, Hermès tuvo la suerte de descubrir en 1956 que su famoso *carré* de seda era lucido por dos testas coronadas no menos

122. Max Weber, *Economía y sociedad*, Fondo de Cultura Económica, México, 1977.

famosas: la reina de Inglaterra en un sello de seis peniques y Grace Kelly en la portada de *Life*. Sin la ayuda seguramente involuntaria de la princesa Grace, el destino de Hermès habría sido diferente, como atestigua este otro objeto de culto que es el bolso al que ella legó su nombre. Algunos años más tarde, Hubert de Givenchy impuso su nombre y su firma asociando su estilo a la más famosa de sus clientas: Audrey Hepburn. Pero la práctica no era sistemática. Marie-France Pochna recuerda, en su biografía sobre Dior[123], que en 1955 el *couturier* rechazó vestir para su boda a una estrella del cine en ciernes, Brigitte Bardot.

Hoy, el mecanismo es accionado por profesionales: nadie osaría abandonar en manos inexpertas las repercusiones indirectas del festival de Cannes o de una entrega de los Oscars. Sólo en Estados Unidos, la noche de los Oscars la siguen 33 millones de telespectadores y cada spot de publicidad de 30 segundos difundido durante la ceremonia se vende a 1,28 millones de euros.[124] En 2003, según la opinión general, fue Versace quien mejor supo aprovechar el acontecimiento. Vistiendo a Kate Hudson, Jennifer Garner y Catherine Zeta-Jones, embarazada y nominada por su papel en *Chicago*, se estima que la marca ganó 237 segundos de publicidad, es decir, 2,8 millones de euros: las imágenes de estas tres mujeres fueron difundidas en todo el mundo. Las demás marcas no fueron menos: Dolce & Gabbana (117 segundos) y Carolina Herrera (79 segundos) supieron también aprovechar el acontecimiento. En cuanto a Valentino, hizo bien en apostar por Jennifer Lopez, quien, si bien no competía por ninguna película, produjo su efecto llevando, drapeado sobre un solo hombro, el vestido verde creado en su momento para Jackie Kennedy. Un excelente negocio además del vestido: casi 800.000 euros de publicidad por vestir a una espectadora...

---

123. Marie-France Pochna, *op. cit.*
124. Estimaciones Multivision; véase *Journal du textile*, nº 1745, 14 de abril de 2003.

Dos buenas razones incitan a utilizar a los *people* como modelos. Primero, su visibilidad. La técnica se revela eficaz para obtener un lugar en las revistas y en la televisión en la hora de más audiencia. Así, utilizando a Jennifer de Star Academy[125] como modelo para su desfile de alta costura de enero de 2003, Torrente se aseguró ser citado en la mayoría de los medios de comunicación. En ausencia de esta *popstar* improvisada maniquí, la colección no se habría beneficiado de la misma atención, evidentemente. Otra ventaja: una celebridad que adopta un objeto autoriza a muchos desconocidos a imitarla. Nadie se deja engañar por este juego, todos sospechan los acuerdos que llevar a unas a lucir un bolso, a otras un vestido, pero todos piensan que estas modelos temporales no aceptarían llevar un objeto contrario a su gusto.

Evidentemente, para aprovechar los dos efectos –la visibilidad y el efecto de autoridad– hay que saber dar en el clavo. Las famosas ideales son aquellas a las que no se pierde de vista para alquilar su elegancia permanentemente. Gwyneth Paltrow es la que dispone, en este momento, de más ventaja. En la sección "Info Hebdo" de *Elle*, donde se prodigan consejos e informaciones, los conjuntos de la actriz se evocan con una frecuencia de uno sobre cuatro.[126] Cada una de sus apariciones motiva un comentario apuntando de manera explícita un consejo de estilo a las lectoras. En mayo de 2002, Gwyneth es presentada con dos modelos de *jogging*: uno, según el artículo, "no demasiado favorecedor", el otro "más tendencia". Era la ocasión para introducir la marca Juicy couture conocida en Estados Unidos por su tendencia *sportswear*, ya vista en rosa sobre Madonna, en gris sobre Puff Daddy.[127] Julio de 2002, el no va más: Gwynie –llamémosla así, ya que nada de lo que tenga que ver con ella nos es desconocido– va por "el mal camino".[128] Para empezar, había declarado en algunas entrevistas que temía acabar su vida

125. El equivalente de Operación Triunfo (N.T.).
126. Por ejemplo, el 27 de mayo de 2002, el 26 de agosto de 2002, el 29 de julio de 2002, el 9 de septiembre de 2002, etc.
127. *Elle*, 27 de mayo de 2002.
128. *Elle*, 29 de julio de 2002.

sola, pero había algo más grave: se la vio "tres veces seguidas" con la misma falda vaquera. Seguía una descripción de la manera en que la había llevado: el viernes con un *bustier*, el domingo con una camisa romántica y el jueves siguiente siempre con la misma camisa, pero con botas. Esto no acaba aquí... Gwynie reapareció el 26 de agosto con –lo peor es siempre cierto– ¡la misma falda vaquera! Para la ocasión, compartió el primer plano con Julia Roberts,[129] ella también con falda vaquera... Ambas fueron mostradas como ejemplo por sus Birkenstock. Afortunadamente, para la nueva temporada, en septiembre de 2002, Gwyneth cambió esta falda plebeya en denim por un vestido de noche Valentino.[130] Su silueta ilustró una nueva tendencia: el tul. Para constatar esta nueva moda, otras dos criaturas fueron mostradas con atavíos similares: Gong Li y Salma Hayek.

Evidentemente, cada marca tiene la famosa que le conviene o... la que se merece. Gwyneth Paltrow funciona de maravilla en *Elle* porque representa un cierto compromiso entre un perfil de niña buena –cuando apareció se habló de una nueva Grace Kelly–, pero atenta a las tendencias. Tan atenta que se habría convertido, según la periodista Marie-Pierre Lannelongue, en "demasiado *victim* y no suficientemente *fashion*",[131] con un *look* falto de coherencia. Cada una tiene su estilo y el creador que le conviene: Chloë Sevigny gusta a los más vanguardistas, a la manera de Tilda Swinton; Élodie Bouchez o Charlotte Gainsbourg tienen sus fans; Madonna conviene a los que pueden permitírsela. Sea quien sea, no hay lugar para el amateurismo en este capítulo. Antaño, las famosas se vestían bajo sus caprichos, hoy es en el marco de un *deal* (acuerdo). Por un lado, los especialistas encargados de reclutar a las celebridades para las marcas; por el otro, las famosas preocupadas por su imagen, muy a menudo aconsejadas por sus *personal shoppers*,

129. *Elle*, 26 de agosto de 2002.
130. *Elle*, 9 de septiembre de 2002.
131. Marie-Pierre Lannelongue, "Quand la mode griffe les stars", *Elle*, 12 de mayo de 2003, p. 78.

especialistas encargados de vestirlas. Todo está hecho para llevar a las famosas a vestirse de marca. En Cannes, muchas firmas tienen un vestuario que permite a las estrellas despistadas encontrar, en el último minuto, algo que ponerse.

El primer diseñador que intentó explotar industrialmente el filón de las celebridades fue, probablemente, Giorgio Armani. La asociación formada por el creador milanés y Hollywood empezó de manera casual con un hombre: Richard Gere. La presentación del actor vestido por Armani en *American Gigoló* (1980) ha contribuido probablemente a imponer el estilo a la vez simple y sofisticado que caracteriza a la firma, sus trajes deconstruidos y su elegancia informal. La escena en la que Richard Gere extiende sobre su cama un arco iris de camisas, dejando percibir una etiqueta de marca, hizo mucho por la popularidad de esta firma. Lo que fue casi un azar se convirtió en una estrategia comercial consciente y deliberada. Apoteosis de esta estrategia: la ceremonia de los Oscars en 1991, bautizada como "Armani Awards" por el *WWD*: "Everybody who was anybody was wearing Armani", (todos los que eran alguien llevaban Armani), informó la periodista Teri Agins.[132] Las marcas italianas, Armani desde luego, pero también Cerruti, Versace, Dolce&Gabbana, sin olvidar a Gucci y Prada, han invertido hábilmente en los guardarropas de los *people*, disputándose las apariciones en *In Style*, mezcla típicamente americana de moda y de *people*, con una tirada de un millón de ejemplares. Así, una fotografía de Liv Tyler de Gucci o de Penélope Cruz de Dior será retomada necesariamente por los periódicos y tendrá un impacto mucho más importante que si se tratase de una modelo desconocida para el gran público.

El enrolamiento de los *people* en la estrategia de difusión de una moda augura un gran porvenir, ya que las celebridades son mejores profetas que las modelos. Paradójicamente, las famosas nos son más cercanas que rostros desconocidos; tenemos la impresión de conocerlas, pueblan nuestros imaginarios y las

132. Teri Agins, *The End of Fashion*, William Morrow and Company, Nueva York, 1999, p. 137.

relacionamos con ciertos momentos de nuestra existencia. Por ello resultan ser poderosas prescriptoras en materia de vestir.

El concurso de belleza

Explicar la difusión de una moda circunscrita puede ser fácil, pero no todas las tendencias se entienden tan fácilmente. Por ejemplo: entre 1995 y 1999 el pantalón tejano se eclipsó. En 2000, cuando ya casi lo habíamos enterrado en el fondo del armario, de repente, volvió a ser tendencia. Es evidente que este cambio de situación no obedece a una sola causa. Nadie se atrevería a afirmar que una famosa o un diseñador, por muy importantes que sean, son los únicos responsables de este retorno repentino; por ello, la profecía auto–realizadora no aparece como una explicación plausible. Un movimiento de tal amplitud exige una acción simultánea de diferentes protagonistas, desde los productores del tejido denim hasta los consumidores, pasando por los distribuidores. ¿Qué mecanismo social sería susceptible de explicar una acción conjunta, pero no concertada, de tantos individuos? Tal mecanismo existe: lo describió Keynes con el nombre de "concurso de belleza".

Imaginemos, nos dice Keynes, un concurso de belleza. Como es costumbre en tal competición, diversos candidatos concursan para el primer puesto ante un público que los desempatará votando. No obstante, esta competición se distingue de su curso habitual en que los votantes no deben elegir al candidato que juzgan más bello, sino al que estiman más en condiciones de obtener la mayoría de los sufragios.[133] Mediante esta parábola, Keynes pretende describir la situación en la que se encuentran los especuladores obligados a posicionarse en un mercado. El sentido común piensa que a estos hombres les basta adquirir los "mejores" títulos, es decir, los de las empresas con más rendimientos. Para nada, replica el economista: frente a las cotiza-

133. Esta parábola es descrita por John Maynard Keynes en *Teoría general,* Ediciones Pirámide, Madrid, 1996.

ciones bursátiles, tanto el sabio como el ignorante se encuentran en igualdad: ambos no saben nada o casi. Desde ese momento, la solución válida no está en ellos mismos, sino en la representación que se hacen de las opiniones de los demás: "Sabiendo que nuestro propio juicio no tiene valor, nos esforzamos por remitirnos al juicio del resto del mundo. [...] Intentamos adaptarnos, pues, al comportamiento de la mayoría o de la media".[134] En este pequeño juego, el que gana es el que adivina mejor "lo que la masa va a hacer".[135] Según Keynes, el concurso de belleza nos enseña que es "mejor para nuestra reputación fracasar con las convenciones que tener éxito contra ellas".[136]

Rindiéndonos a la evidencia, la parábola del 'concurso de belleza' se adapta perfectamente a la descripción del comportamiento de diferentes individuos que intentan adivinar cuál será la tendencia de la próxima temporada. Estos individuos pueden ser profesionales de la moda o simples consumidores, dicho de otra manera, sabios o ignorantes, pero ninguno tiene una certeza real sobre la moda que viene. El más reconocido de los diseñadores, el más influyente de los redactores de la prensa de moda, el comprador de la más importante cadena de tiendas de moda... todos estos profesionales pueden equivocarse en su manera de valorar las tendencias. Y lo mismo ocurre con el cliente X que, para ayudarse en su elección, no tiene más que las informaciones que ha rebuscado en los medios, los consejos –interesados– del vendedor y su gusto personal. Para descubrir de qué estará hecha la moda del mañana, estas dos categorías de protagonistas van a tener que especular, anticipando las tendencias en materia de siluetas, colores o marcas.

Sin embargo, frente a las tendencias, el profesional no está exactamente en la misma situación que el neófito. Para empezar,

---

134. John Maynard Keynes, "The General *Theory* of Employment", *Quaterly Journal of Economics*, vol. 51, 1937, pp. 209-223. [Versión castellana: *Teoría general del empleo,* Aosta, Madrid, 1998].
135. *Ibíd.*, p. 157.
136. *Ibíd.*, p. 158.

ambas categorías de individuos no tienen la misma experiencia, ni los mismos informadores; pero, sobre todo, son diferentes sus horizontes temporales: si el consumidor quiere comprar un vestido para llevarlo durante el año *n*, el profesional, a su vez, necesita mucho más tiempo para vender tal vestido. Como mínimo, necesita encargar el tejido en el año *n*–1 y presentar la colección seis meses después, para estar presente en la tienda durante el año *n*. Por lo tanto, su competencia profesional debe estar compensada aquí por anticipaciones suplementarias, aunque, al final, ambos sufran en un entorno incierto.

La parábola del concurso de belleza subraya dos características paradójicas de la organización de las tendencias. En primer lugar, muestra que en este contexto, como subrayó André Orléan,[137] la imitación no es un comportamiento extraño, propio de los seguidores. Al contrario, en estado de incertidumbre, esta actitud es incluso racional y acorde con la anticipación de las tendencias. Segunda característica: en el ámbito de la moda, especular es imitar. A ello se debe que, de la manera más inesperada, una tendencia ganadora puede eclipsar a todas las demás.

De esta manera es posible, si retomamos el ejemplo del principio, descifrar el misterioso retorno de los pantalones tejanos –fenómeno de la moda complejo donde los haya– gracias al mecanismo del concurso de belleza. Este *come-back* del tejido denim hacia finales de 1999 se acompañó necesariamente de anticipaciones de la mayoría de los protagonistas del mercado. A continuación veamos algunas de las razones por las que estos protagonistas han apostado por los tejanos. Desde hacía al menos dos temporadas, la moda del *vintage*[138] estaba en pleno apogeo, especialmente en las zapatillas deportivas, y empezaba a extenderse hacia ciertos tejanos –tipo 501– y ciertos mode-

137. André Orléan, "Mimétisme et anticipations rationelles: une perspective keynesienne", *Recherches économiques de Louvain*, vol. 52, nº 1, marzo de 1986, pp. 45-66.
138. El *vintage* designa vestidos viejos, de segunda mano, que presentan un interés particular por su rareza.

los raros de cazadoras vaqueras firmadas Levi's, Wrangler, Fiorucci, etc. Simultáneamente, el mercado estuvo ocupado por una avalancha de innovaciones que permitieron no agotar la tendencia: se desarrollaron multitud de métodos de lavado, decoloración y blanqueamiento. Aparecieron los pantalones de talle bajo, mientras que en otro segmento del mercado se lanzaron los *baggy*, pantalones, por el contrario, extra-anchos. En resumen, todo estaba hecho para acreditar la idea de que estaba pasando algo nuevo en el ámbito del tejano. Nacieron marcas centradas en grupos específicos, desde los homosexuales hasta los raperos, pasando por los *skaters*, las mujeres "maduras", etc. Al mismo tiempo, la gama de precios se extendió más allá de lo que antes era imaginable. Las grandes marcas de creadores acompañaron el movimiento e incluso algunas lo precedieron, conducidas por Helmut Lang. Llegado este punto, el tejano es un valor tan seguro del concurso de belleza, que Karl Lagerfeld no dudó en unir su nombre a la marca Diesel para lanzar su propia gama de denim. Las pequeñas marcas siguieron la tendencia, como no podía ser de otro modo. Este retorno se hizo posible gracias también a una renovación de las siluetas. Anteriormente llevado de manera *sportswear*, un tejano se convirtió en legítimo, tanto para hombre como para mujer, con una americana. En el concurso de las tendencias, la panoplia de Anna Mouglalis, nueva imagen de Chanel, tuvo ciertamente su influencia, al casar un tejano con una de sus famosas chaquetas de traje en tweed.[139]

Otras dos categorías de "votantes" influyeron en el retorno del pantalón en denim. Primero, los distribuidores. Raros son los artículos –tal vez con la excepción de las zapatillas deportivas– que disponen todavía de tal red de multimarcas. Por ello, un "retorno" del tejano no sufre el tradicional efecto embudo ligado a la insuficiencia de la distribución. Además, la evolución del tejano en cuanto a su gama de precios ha facilitado su entrada en tiendas susceptibles de estar interesadas por el re-

139. *Elle*, 25 de noviembre de 2002.

torno de este artículo. Por el contrario, pocos tejedores pueden abastecer al mercado de tejido denim. Según sus comentarios, estos industriales se vieron confrontados a una saturación ligada al alza inesperada de los pedidos. Real o artificial, esta situación les condujo a pedir a los fabricantes que se comprometiesen por adelantado en los pedidos: de esta manera, los pedidos para el verano 2003 a veces se hicieron en septiembre de 2001.[140] Pero ya en esa época las demandas parecían disminuir entre los fabricantes. Es lo que lleva a los profesionales a profetizar hoy el fin de este entusiasmo por el tejano;[141] los votantes del concurso buscan actualmente otro tipo de belleza, diciéndose que la moda del tejano ya ha durado demasiado.

Un mundo sin piedad

El concurso de belleza es atrozmente injusto. El principio que lo domina está basado en el "efecto San Mateo" así bautizado por el sociólogo Robert Merton según el Evangelio de San Mateo, que especifica: "A los que lo tienen todo, todo se les dará en abundancia; a los que no tienen nada, todo se les arrebatará".[142] El mundo de las tendencias es un universo sin piedad, donde la lógica del "winner takes all"[143] (el ganador se lo lleva todo) se muestra sin reservas. Nadie tendría la absurda idea de distinguirse adoptando unas elecciones diferentes de las que promueve la moda. Así, basta que los profesionales anticipen la moda del pantalón de talle bajo para que los talles altos resulten imposibles de encontrar. Tres mecanismos hacen que quienes deciden se limiten a las tendencias y, por ello, contribuyan a amplificar las que se han consolidado: ofrecen al vencedor algo parecido a una prima.

---

140. *Fashion Wear Daily News*, 12 de octubre de 2001, p. 22.
141. *WWD*, 8 de mayo de 2003, p. 3.
142. Robert H. Merton, *The Sociology of Science*, University of Chicago Press, Chicago, 1988, p. 445. [Versión castellana: *La sociología de la ciencia*, Alianza, Madrid, 1985].
143. Un libro apasionante y controvertido describe las consecuencias del efecto San Mateo en la economía en general: se trata de la obra de Robert Frank y Philip J. Cook, *The Winner-Take-All-Society*, The Free Press, Chicago, 2000.

El primero de estos mecanismos nos es familiar: es la consecuencia de los medios de comunicación de masas, el cine ayer, la televisión hoy. Como han subrayado algunos estudios, la generalización de la televisión en detrimento de otros medios, como los periódicos o la radio, ha contribuido a moldear un imaginario simbólico homogéneo entre los individuos.[144] Por esta razón, estilistas que visten a las heroínas de las series más populares –*Friends* o *Sexo en Nueva York*, por ejemplo– se benefician de una corte asidua. La asociación, incluso furtiva, de un tejano de la marca Earl Jean con Jennifer Aniston tuvo unas consecuencias nada desdeñables sobre las ventas de dicho artículo.

Segundo mecanismo, más sutil: la lógica del *hit-parade*, que prevalece en la mayoría de las empresas de moda. Estando en una época en que se racionalizan los costes, tanto productores como distribuidores limitan sus surtidos a los artículos que se venden mejor, y se prefiere un *stock* móvil a un *stock* completo. Como los sistemas informáticos lo permiten, son generalmente los tipos de rotación de *stocks* los que determinan los nuevos surtidos. Si un vestido se vende, se pide de nuevo, si no, se abandona. Este proceso darwiniano de selección de las mejores ventas contribuye a restringir las elecciones propuestas y, por lo tanto, a articular la moda en torno a algunas tendencias. Este fenómeno, por ejemplo, es perceptible en el ámbito de la lencería, donde los surtidos en temporada son incontables. El tanga está de moda, se dice, y esta creencia desencadena generosos pedidos de este artículo a principio de temporada. Efectivamente, el producto se vende bien,[145] pero se vende mejor –y se lleva, en consecuencia, más– porque los otros modelos son cada vez menos referenciados. El mecanismo del *hit-parade* hace difícil toda tentativa de sustraerse a las tendencias del momento. Además, las reglas de gestión son seguidas particularmente por las cade-

---

144. James Beniger, "Does Televisión Enhance The Shared Symbolic Environment?", *American Sociological Review*, febrero de 1983, vol. 48, pp. 103-111.
145. En 2003, representó el 20 % de las ventas de Sara Lee, líder del mercado de prendas íntimas femeninas con un 60 % (*JDD*, 27 de julio de 2003)

nas textiles, las cuales reunieron en el año 2000 el 70 % de las compras realizadas en Francia. Este mecanismo ha sido posible, y llevado al paroxismo, gracias a la gestión informatizada de los pedidos y de la fabricación, pero ya existía anteriormente bajo una forma simplificada mediante la ley del economista y sociólogo Vifredo Pareto. La mayoría de los comerciantes ignoran su nombre, pero conocen el principio según el cual muchos fenómenos sociales están sometidos a una repartición del tipo 80-20. Trasladado al ámbito de la moda, esta ratio contribuye a privilegiar el 20 % de artículos que realizan el 80 % del volumen de facturación. Poco importa que esta regla se verifique pocas veces empíricamente; se considera como una verdad *a priori* y, desde entonces, provoca consecuencias tangibles.

Último –y poderoso– resorte del efecto San Mateo: el esnobismo, que en el mundo de la moda está como en su casa. Por eso, una multitud de clasificaciones oficiales y oficiosas, que determinan quién está *in* y quién está *out,* alimenta y amplifica las tendencias. Estas sutiles jerarquías existen para todo bien o servicio que pueda ser de alguna utilidad al mundo de la moda, desde las *top models* hasta los maquilladores, pasando por los fotógrafos. Para un iniciado, estas distinciones existen al igual que las castas en la sociedad tradicional india; cada uno es consciente de ellas y las respeta. De esta manera, en virtud del principio de las agrupaciones selectivas, aparece poco razonable, por no decir imposible, hacer trabajar a una modelo con un fotógrafo que no sea de su rango; nadie aceptará ir contra esta regla por miedo a ver bajar su cotización después. Inès de la Fressange explica la manera en la que Paolo Roversi, gran fotógrafo de moda, quiso trabajar con ella en exclusiva. Roversi estaba entonces mucho más buscado por los profesionales que Inès de la Fressange. La cotización del fotógrafo era tal, que impuso esta modelo, a quien apreciaba, a sus principales clientes –por entonces, Cerruti– así como a las revistas con las que trabajaba, esencialmente *Marie Claire.* Y consiguió hacer aceptar a Inès de la Fressange su única sesión de desnudos, publicados en *Vogue Homme.* Un día, descontento de una serie de fotos para el *Vogue* americano, envió en lugar de los negativos, una cinta de música: difícil simbolizar, de manera más directa, quién tenía el poder.[146] Por el contrario, cuando Karl Lagerfeld repudió a Inès de la Fressange, estimándola indigna de seguir siendo la imagen de Chanel, pocas casas se arriesgaron a contratar a quien había sido, poco antes, la más solicitada de las *top models*.

Actuar a pesar de la incertidumbre

Para el hombre de la calle, el "concurso de belleza" de la moda puede constituir una ocupación placentera, pero no decisiva; no así para todos los profesionales que basan su subsistencia en su aptitud para anticipar con precisión los gustos de la mayoría. A este respecto, los periodistas de moda representan una categoría particularmente expuesta. En sus comentarios es rarísimo encontrar críticas exacerbadas contra una colección. Esta ausencia de palabras negativas se explica a menudo como un signo de dependencia de la prensa de moda frente a los anunciantes. En apoyo de esta interpretación acuden extrañas polarizaciones. Así, en esos "shoppings" tan frecuentes en la prensa femenina, donde se presentan los productos tendencia del momento, los *must-have*, no es raro encontrar los mismos vestidos en varias revistas. Y cuando una colección, por desgracia, es criticada, una rara unanimidad suele acompañar estas diatribas. Éste fue el caso, por ejemplo, de la colección Balmain diseñada por Laurent Mercier, a pesar de todo, representativa del talento de este diseñador justamente alabado poco tiempo antes.

Pero el peso de los anunciantes no lo explica todo. Los programas de televisión consagrados a la moda no dan prueba de un sentido crítico particularmente afilado; sin embargo, la dependencia de este medio frente a las marcas textiles es poca. Generalmente, en la televisión lo mismo que en la prensa, lo mejor es el silencio cuando se quiere criticar una colección. Un olvi-

---

146. Inès de la Fressange, *Profession mannequin*, Hachette Littératures, París, 2002, pp. 79-81.

do de este tipo puede pasar desapercibido. Los periodistas de moda están participando así, ni más ni menos, en un "concurso de belleza"; deben anticipar las tendencias que vendrán, alabar las colecciones acertadas y, a priori, estigmatizar las otras. Un trabajo peligroso dominado por la incertidumbre: los criterios que permiten distinguir una buena colección de una mala son pocos, precisamente también porque se trata de escoger no la mejor colección, sino la que recogerá más éxitos.

Como en los mercados financieros, esta situación de incertidumbre es propicia a los rumores. Un rumor plausible puede suponer una polarización, ya que se puede lograr un consenso en torno a él. No es que la mala información deseche la buena, sino que cualquier información puede ser verdad. Hace tres años, en plena *gucci-mania*, una redactora, para divertirse, lanzó la idea de que la época de Tom Ford había acabado. Pánico entre los interesados: en ausencia de cualquier signo objetivo al que aferrarse, ¿por qué no pensar que el concurso de belleza llevaría a un resultado desconcertante? Entre los profesionales de la moda se habla mucho, de todo y de nada. Secretamente, se espera que el nada contenga a veces el todo, facilite una indicación decisiva sobre las próximas tendencias. Por esto, nadie se permitirá el lujo de desatender un rumor.

La sensibilidad a los rumores más diversos va acompañada de la atención prestada a la reputación. Así, una misma elección estilística puede alabarse o despreciarse según quien la haya realizado, de la misma manera que algunos empresarios tranquilizan al mercado. En 2001, Clements Ribero, pareja de diseñadores apreciada en el medio, habían hecho posible el retorno de Cacharel al tomar las riendas de su estilo. Su trabajo concedía un lugar importante al famoso estampado Cacharel, al que una temporada antes nadie prestaba atención. Bastó que la marca les contratase para que el concurso de belleza la convirtiera en ganadora.

Es evidente que, a la larga, la incertidumbre agota y hasta se revela peligrosa. Por eso se han desarrollado algunas estrategias destinadas a contextualizar el resultado del concurso de belleza. En el mercado de las tendencias los protagonistas son, como en la Bolsa, *risk-adverse*, hostiles al riesgo: intentan minimizar su exposición. Esta regla comporta sólo una excepción: los nuevos, que intentan hacerse un nombre rápidamente adoptando posiciones extremas. Si ganan, consiguen la plusvalía de su originalidad; si pierden, no recuperarán su apuesta. Es la razón por la que muchos jóvenes creadores son incitados a presentar modelos extravagantes, para diferenciarse de las posiciones mayoritarias.

Quienes, por el contrario, tienen una posición establecida en el sector, intentan minimizar los riesgos. Para ello utilizan algunos trucos que les permiten disminuir sus posibles pérdidas en el concurso de belleza. La noción de "básicos" es la transposición en el campo de la moda de los "valores refugio" tan queridos por el jugador de Bolsa. Como dice agradablemente Christian Lacroix, el básico es "una manera de estar de moda sin hacer el esfuerzo de la moda".[147] Con ellos, el distribuidor asegura la venta y el consumidor está tranquilo porque sabe que no se sentirá ridículo y podrá utilizarlos más de una temporada. Es aquí donde se sitúa el trabajo de los servicios de *marketing*: dar la impresión de tomar posiciones atrevidas en el mercado, mientras se vive de productos más razonables. La moda masculina es la encarnación de esta duplicidad y para lo que sirven generalmente las colecciones más audaces es para vender camisas blancas o azules.

147. Christian Lacroix, en *Repères modes et textiles*, *op. cit.*, p. 50.

TERCERA PARTE
¿POR QUÉ MARCA LA MODA?

6. ¿Es irracional el animal de la moda?

Había una vez un banco próspero. De pronto, empieza a circular el rumor de que está casi en quiebra y la gente corre a retirar su dinero. Entonces ocurre lo impensable: las reacciones de la gente provocan la bancarrota de una empresa totalmente sólida. El mundo de la moda se rige por el mismo mecanismo. Personas unidas por creencias comunes influyen sobre el futuro de las tendencias. La masa de gente parece totalmente irracional: un día adora lo que al día siguiente desprecia y es capaz de ignorar un producto para después elogiarlo con entusiasmo. Y, sin embargo, el comportamiento de cada una de las personas por separado es completamente racional. En una situación de total incertidumbre frente a las futuras tendencias, siguen una estrategia que no les exponga a ser demasiado horteras. Al fin y al cabo, buscan reconciliar el deseo de pertenecer y el de distinguirse.

No obstante, las "buenas razones" de la gente se perciben en pocas ocasiones y son descritas más bien como ilógicas e infundadas. Todo parece ocurrir como si los *fashion victims* estuvieran dotados de la mentalidad pre-lógica que los antropólogos de principios de siglo atribuían al buen salvaje. Nuestros salvajes comprarían cualquier cosa que llevara una marca o estarían encantados de pagar caro un objeto de lujo. Puesto que se trata del mundo de la moda, sería normal que las apariencias estuvieran por encima de la realidad.

Así, el primer acto reflejo consistiría en atribuir a los individuos un comportamiento irracional en su manera de seguir la moda. Esta manera de entender las tendencias es común en los profesionales del *marketing* y en ciertos teóricos, pero es un enfoque que rápidamente muestra sus limitaciones.

¿Prima la marca sobre el producto? El ejemplo del perfume

Antes de ceder su nombre a l'Oréal, los creadores Viktor and Rolf habían intentado lanzar su perfume. Todo estaba preparado para que fuera un gran éxito: el *packaging* estaba cuidadísimo, el frasco muy conseguido y la comunicación, preparada para mostrarse en los diferentes puntos de venta, etc. Sólo fallaba un pequeño detalle: el perfume no existía. No se había creado ninguno para la ocasión. Este montaje ingenioso destacaba, gracias a lo absurdo, la importancia que toma la forma con respecto a su contenido. Dentro del mundo de la moda, una marca puede permitirse vender todo lo que le plazca. Esta circunstancia es especialmente cierta en el universo del perfume y la cosmética. En efecto, en el seno de los departamentos textiles de las marcas de moda, los especialistas en *marketing* no disimulan su poder. Los directores artísticos tienen mucha mano sobre la creación, pero no se encargan de realizar estudios de sus productos. Los perfumes y los productos de belleza, en cambio, son explotados generalmente por los grandes grupos –Procter&Gamble, L'Oréal, Unilever, etc.– y lanzados al mercado de masas. La ideología de la marca domina la mentalidad de los profesionales, quienes opinan que precisamente la imagen de marca distinguirá una barra de labios de otra. Estos utópicos nihilistas piensan reinar en un mundo donde el sueño inmaterial se ha convertido en una realidad y donde el producto no resulta más que un problema secundario. En este contexto, el perfume constituye la encarnación ideal del sueño de lo inmaterial, una traducción al *marketing* de la poética baudeleriana. Sólo hay que ver cómo se invierten considerables sumas en todo los que no es el producto o, dicho de otro modo, en el *marketing*, entendido en sentido muy amplio. Aunque el perfume Angel de Thierry Mugler fuera lanzado en 1993 sin grandes medios, la mayoría de los perfumes son objeto de enormes inversiones publicitarias. El grupo Kanebo quiere lanzar el perfume Scent, de Costume Nacional, con una inversión de entre el 150 % y el 180 % de la facturación pronosticada. Cada año, LVMH Parfums invierte el 25 % de su facturación en publicidad y presencia en los puntos de venta.

Sumas considerables justifican la importancia de la apuesta: el éxito del J'adore de Dior significó en el año 2001 una facturación de 150 millones de euros.[148]

La mayor atención se centra en el *packaging* y el frasco, ya que muy pocas fábricas pueden producirlo, circunstancia que encarece parte importante del coste final. El contenido, en cambio, representa menos del 10 % del coste de producción del producto. Su puesta a punto consiste en un proceso específico, que generalmente se subcontrata. Se parte de una idea de lo que el perfume debería ser y se transmite a empresas donde trabajan los *nez* (narices), encargados de preparar la esencia. También hay marcas que ahorran dinero en este proceso y compran directamente una esencia ya hecha,[149] mostrando, pues, su total indiferencia frente al contenido del frasco.

Antes de su lanzamiento, la fragancia es raramente evaluada por el gran público. Según ellos, los consumidores serían incapaces de hablar de perfume, puesto que no disponen del vocabulario necesario para hacerlo. Sin embargo, en el sector del vino, donde la verbalización es igual de complicada, las degustaciones son muy frecuentes. Si este proceso no se utiliza en el caso del perfume es porque se considera que la decisión de compra depende de otros factores más importantes. Pero lo que sí se tiene en cuenta son los estudios de marketing sobre el perfume: el nombre, el embalaje, la comunicación, etc. Para ello, se constituyen generalmente unos *focus groups* que correspondan al tipo de consumidores deseados o clientes fieles de la marca. Los resultados de los estudios nunca se revelan. Estas investigaciones se basan en un principio irracional porque consideran que la decisión de compra procede, en última instancia, de motivos inconscientes. Esta metodología recurre a unos tests que supuestamente dibujan la racionalidad del individuo. Tal y como explicaron dos especialistas de este tipo de estudios en un artículo, "la mayor parte de los fantasmas exis-

---

148. *Le Figaro*, 25 de enero de 2002.
149. *Elle*, 24 de marzo de 2003.

tentes y muchos de los significados simbólicos claves, residen en este lado del umbral de la conciencia [...] y pueden manipularse y reconducirse por métodos indirectos utilizados para superar las barreras sensibles".[150] Por esta razón, estos autores recomendaban el uso de "técnicas proyectivas estructuradas". La técnica más utilizada consiste en hacer que los grupos expresen asociaciones de ideas, describiendo, por ejemplo, cómo sería la marca si se convirtiera en una ciudad o en una mujer. Estas asociaciones de ideas se materializan a menudo en forma de *collage* y los "conejillos de Indias" yuxtaponen las imágenes elegidas en las revistas.

Lo propio de nuestra imaginación es la capacidad de desplegarse sobre cualquier tema; individuos de "buena voluntad" siempre llegarán a poder asociar imágenes a un perfume o a cualquier otro producto. En este caso, la técnica del *collage* que utilizan numerosas revistas femeninas contribuye a auto-alimentar este universo. Anuncios publicitarios o series de moda vienen a ilustrar asociaciones de ideas destinadas a esta esfera. En este contexto, las ideas novedosas son minoría y los tests resultan de difícil interpretación. Muy a menudo se instrumentalizan para acabar con las dudas internas. Un estudio podrá también servir para reforzar opciones abandonadas anteriormente. Por lo tanto, estos tests son todo menos infalibles. De entre los 300 perfumes que se lanzan cada año, muy pocos acaban imponiéndose. Además, pueden observarse algunas sorpresas entre los que triunfan, en los que la marca no ha llegado a jugar una baza decisiva: por eso puede cuestionarse la representación del consumidor principal.

El examen de ventas de un perfume conduce a una observación que apela al sentido común: los primeros puestos de ventas no siempre pertenecen a productos firmados por marcas prestigiosas. De la misma manera, el consumidor resulta menos *label*

---

150. Morris Holbrook y Elisabeth Hirschman en *Journal of Consumer Research*. Citado por Frank Cochoy, *Une histoire du marketing*, Éditions La Découverte, París, 1999, p. 303.

conscious (atento a la marca) e irracional de lo que se cree. Tal y como pasa con el vino, la etiqueta no siempre tiene una influencia definitiva, puesto que ciertos sabores u olores gustan más o menos al gran público. Por otro lado, también el mercado del perfume se somete a las tendencias, aunque los consumidores no sean capaces de verbalizarlas.

De este modo, entre los perfumes masculinos y los femeninos, algunas de las mejores ventas las realizan marcas de moda poco conocidas. En cuanto al público femenino, el cuarto puesto que ocupa Lolita de Lempicka,[151] marca textil discreta, puede sorprender; la Eau de Rochas como número trece de ventas es otro dato sorprendente. También está el fenómeno Angel de Thierry Mugler que todavía encabeza el *hit-parade*, mientras que la marca Mugler ha dado por finalizada, de momento, su existencia en el sector textil.[152] Las mismas comprobaciones pueden hacerse en relación a los perfumes masculinos. Marcas de *prêt-à-porter* bastante olvidadas pueden llegar a hacer funcionar perfumes muy dinámicos: Azzaro (3°), Cerruti 1181 (13°), Drakkar Noir de Guy Laroche (21°).

El consumidor es receptivo al nombre, al frasco o a todo lo que se contenga en su imaginario, pero también sabe que está comprando un olor. Como lo manifiesta el entusiasmo por ciertos tipos de perfumes, las tendencias en este terreno se rigen por ciclos bastante largos. Algunos perfumes tienen una existencia muy larga, puesto que su aroma continúa seduciendo. Por ejemplo, el N° 5 de Chanel, Joy de Patou o Arpège de Lanvin. Como en el vino, existen las grandes familias, cada una con su grupo de seguidores. El gran éxito de 2002, Coco Mademoiselle, es de la familia de los orientales, ligeramente endulzado y modernizado. Esta familia de perfumes siempre ha gustado al público porque tiene un aire de los grandes

---

151. Estas cifras provienen de *Guide de la distribution sélective. Cósmetique magazine*, diciembre de 2002, p. 10.
152. El grupo Clarins, propietario de la marca Thierry Mugler, decidió acabar con la actividad de la costura a principios del año 2003 (*Journal du Textile*, 6 de enero de 2003).

clásicos, con ciertos matices de ámbar (Shalimar y Samsara); mientras que otros se alimentan de una nota de nuez moscada o clavo (Opium o Nu de Yves Saint Laurent). Sin embargo, estos aromas florales son los que encarnan el gusto medio en materia de perfumes.[153]

La idea de que el "jugo" del perfume es importante es, por lo tanto, cierta, y explica bastantes de los éxitos conseguidos en este sector. El fracaso del perfume C'est la vie de Lacroix, acompañado de un frasco muy extraño y de un olor poco seductor, demuestra que la marca sola no hace vender. El consumidor tiene entonces nariz... ¡y sensatez!

La belleza del precio

Otra concepción irracional del individuo es la que manifiesta el amor al lujo, causado por el secreto deseo de consumir de manera ostentosa. Según este comportamiento, descrito a principios del siglo xx por el sociólogo Thorstein Veblen, al hombre le satisface provocar a sus semejantes exhibiendo su capacidad de despilfarro. Es como si la rivalidad entre seres humanos se pusiera en juego mediante los objetos y cada individuo cayera en la tentación de gastar de manera más inútil que su vecino.

La moda se presta de manera ideal al consumo ostentoso. Es pues, según Veblen, la perfecta ilustración de la "cultura pecu-

153. Existen cuatro tipos de perfumes: los florales frescos realzados por notas florales como la del lirio (Nº 19 de Chanel, Anaïs Anaïs), los florales florales, corazón de la perfumería, que contienen flores naturales, rosas o flores blancas (Joy de Patou, Contradiction de Calvin Klein), los florales aldehídos , que contienen un componente sintético que realza ciertas notas florales (Nº 5 de Chanel, Arpège de Lanvin), y los florales suaves, fabricados a partir de flores espirituosas enfatizadas por un punto de vainilla (Poison de Dior, Noa de Cacharel). Finalmente, están los chipres, que comprenden bergamota, divididos en tres familias: los chipres afrutados, que contienen notas de frutos amarillos (Mitsouko de Guerlain, Femme de Rochas), los chipres chipres, que asocian la rosa con notas de madera (Miss Dior, Vol de Nuit de Guerlain), y los chipres frescos aliñados con notas verdes (Eau de Rochas, Ô de Lancôme).

niaria", en la que la belleza del objeto se mide con relación a su precio. Esta lógica explicaría fácilmente nuestra preferencia por las marcas. Una prenda de vestir firmada ofrecería una valiosa alternativa a lo barato: por qué gastar poco cuando la moda nos ofrece infinitas ocasiones para despilfarrar nuestro dinero haciéndolo saber. Visto así, el individuo sería una criatura absurda. La falda, según Veblen, tendría tres "cualidades": "Cuesta cara, dificulta el movimiento e impide cualquier ejercicio útil".[154] Los ricos no tienen el monopolio de la sinrazón. Cualquier clase social, estima Veblen, "aun encontrándose en la pobreza más atroz",[155] no se prohíbe el hábito del consumo ostentoso. Por esto, el sistema mercantil ofrece a todos buenas ocasiones para gastar inútilmente.

En las antípodas de la teoría de Veblen, Georg Simmel considera que el individuo es un ser completamente racional. Es cierto que existe el gusto por la moda, pero no por eso él desea despilfarrar sus recursos. Simmel declara: "Cuando más rápido cambia la moda, más deben bajar los precios, más incita a los consumidores y fuerza a los productores a cambiar rápidamente de moda".[156] Esta regla describe una realidad que conocemos bien: la aceleración de los ciclos de la moda está acompañada de una democratización de las tendencias. Las grandes empresas como Zara o H&M encarnan este fenómeno de bajada de precios en el mundo de la moda. Esta misma tendencia también se encuentra en el mundo del lujo: si este sector goza de tanto éxito hoy en día, no es porque la gente adore derrochar, sino simplemente porque el lujo se ha popularizado.

Un estudio realizado por Caroline Müller quiere demostrar que Simmel tiene más razón que Veblen. Este trabajo refuta la idea de una "belleza pecuniaria," y observa que los objetos de lujo se someten a los mismos principios generales de la econo-

154. Thorstein Veblen, *Teoría de la clase ociosa*, Fondo de Cultura Económica, México, 2002.
155. *Ibíd.*
156. Georg Simmel, "La moda", en *Sobre la aventura. Ensayos filosóficos, op. cit.*

mía. Si quieren aumentar su difusión, deben disminuir su precio. Esta operación no es válida para las marcas que basan su reputación en el hecho de ser inaccesibles. Por lo tanto, el precio de estos artículos responde a una doble lógica: democratizarse sin dar la sensación de ser baratos.

De este modo, durante más de medio siglo, de 1930 a 1997, el precio de cierto número de productos de lujo no ha dejado de disminuir. Por ejemplo, el precio de un frasco de Joy (Patou), ha pasado de ser de 100 francos en 1935 a 42 en 1994, en francos constantes.[157] Por otro lado, el precio de un frasco de Nº 5 (Chanel) ha permanecido estable durante este período. El *carré* de Hermès ha visto oscilar su valor, siempre en francos constantes, de 100 francos en 1958 a 130 en 1993, con un mínimo de 75 francos en 1974 y un máximo de 150 en 1963. Más sorprendente todavía: las ventas del célebre pañuelo de Hermès parecen motivadas por su precio de venta,[158] lo que, a primera vista, parecería corroborar la regla de Veblen, según la cual los individuos se entregan en su gasto a un verdadero acto de consumo ostentoso.

Y es que el *carré* de Hermès no es únicamente un objeto de lujo, sino que es también un producto sometido a los vaivenes de la moda. Los periodos en los que su precio ha aumentado son aquellos en los que la demanda era mayor. En la década de los años sesenta, considerada de rupturismo, el pañuelo de Hermès fue abandonado por la clientela que antes había asegurado su reputación, desde Grace Kelly a la reina de Inglaterra. Los que todavía se atrevían a llevarlo se lo envolvían alre-

---

157. Jacques Marseille, "Le luxe est-il cher?", en *Le Luxe en France du siècle des Lumières à nos jours,* Éditions de l'Association pour le développement de l'histoire économique, París, 1999.
158. Carolina Müller (*op. cit.*) distingue tres períodos. Entre 1962 y 1974, el valor del pañuelo pasa de 150 a 75 francos, y las ventas se establecen alrededor de los 240.000 ejemplares anuales. En el periodo de 1974 a 1989, el pañuelo, siempre en francos constantes, pasa de 75 a 130 francos y las ventas aumentan un 30 % anual, y consiguen la cifra récord de 1.123.000 ejemplares vendidos al año. Finalmente, de 1990 a 1993, el precio del pañuelo se estanca en 130 francos y las ventas bajan de 1.123.000 a 640.000 ejemplares anuales.

dedor del cuello.[159] El pañuelo se convierte en *out* por relacionarse con otros modelos que no encajaban en el período del mayo del 68: *el pañuelo* Brides de Gala que más adelante se recuperó (el *best-seller* que vendió más de 700.000 ejemplares en ese momento), o los: Les clés, Voitures à transformation o Éperon. Las malas ventas no parecen poder imputarse a un precio demasiado democrático.

Un producto de lujo debe defender su rango, así que no le conviene cualquier precio de venta. La esencia del perfume Nº 5 siempre se vende a un precio elevado, mientras que *l'eau de toilette* se vende al mismo precio que la competencia. Un estudio inglés ha corroborado esta tendencia a la democratización: desde hace más de un siglo, ¡el precio de una maleta de Vuitton o de un reloj de Cartier han aumentado mucho menos que el del caviar![160]

La tendencia general prevista por Simmel parece haberse verificado: a medida que los artículos llamados de lujo se han puesto de moda, su precio no ha parado de disminuir. Antes, Vuitton creaba cada año un pequeño número de modelos nuevos, como el bolso Vuitton Murakami –un modelo tradicional personalizado por un artista inspirado por el manga– que no sobrevivirá más que algunas temporadas. Paralelamente, un gran número de marcas reclaman el lujo. Victoria Secret ha puesto a la venta, con su nombre, un conjunto de joyas, valorado en 15 millones de dólares. Es bastante improbable que esta firma, que normalmente propone lencería corriente, consiga convertirse en una marca de lujo. Pero la anécdota muestra que el efecto Veblen tiene todavía sus adeptos, para quienes la perspectiva del derroche es suficiente. Son muchos los que se resisten a aceptar la idea de que la moda se rige por comportamientos racionales.

---

159. *Elle*, "La dynastie Hermès", 26 de enero de 1987, pp. 66-73.
160. Según este estudio, el precio de una maleta de Vuitton o de un reloj de Cartier ha aumentado un 1,7 % anual entre 1912 y 1921. Este porcentaje es inferior al de otros productos de lujo como el caviar, que aumenta un 2,3 % anual desde 1912, o la pluma Parker, que ha aumentado un 2,2 % desde el 1927 (*véase The Economist*, 26 de diciembre de 1992).

El marketing de la moda y sus intelectuales favoritos

"En los medios publicitarios –escribe Georges Perec en *Les Choses*– generalmente situados a la izquierda, de una manera casi mitológica, pero más fácilmente definibles por [...] el culto a la eficiencia, a la modernidad, [...] la tendencia más bien demagógica a la sociología, [una opción prima: aquella según la cual] nueve décimas partes de la gente serían unos idiotas, únicamente capaces de cantar a coro los elogios de cualquier cosa [...]".[161] Esta descripción de humor punzante, en la que el sociólogo –el otro trabajo de Perec– roza lo novelesco, está de completa actualidad. Muchos profesionales del *marketing* o la publicidad posan su mirada condescendiente en aquella "gente que cree en las marcas",[162] esta humanidad crédula dispuesta a encontrar un delicioso "aroma a nuez" en un grasiento y rancio bistec. Al mismo tiempo, los hombres del sector muestran ese sentimiento curioso, casi inquietante, de ser muy sensibles a los anuncios, a los eslóganes y... a las marcas.

Los especialistas del *marketing* de la moda son ajenos a estos sentimientos contradictorios. Por un lado, ven al consumidor como una criatura completamente irracional, obsesionada por una forma apartada del fondo. Esta pauta la resume uno de los gurús americanos de esta disciplina, que incita a las empresas a definir su *irracional selling proposal*[163] (proposición irracional de venta). Desde su punto de vista, el éxito de un producto depende de la forma que tome: el *packaging*, el logo, la publicidad y, por supuesto, la marca, mientras las cualidades intrínsecas del producto pasan a un segundo plano. Siguiendo el ejemplo de cualquier inexperto del mundo textil, se afirman en esta convicción por su dificultad para llegar a comprender la diferencia de precio que puede separar un modelo de marca del

---

161. George Perec, *Les Choses*, J'ai Lu, París, 1955, p. 93. [Versión castellana: *Las cosas*, Anagrama, Barcelona, 2001].
162. *Ibíd.*, p. 110.
163. Al Ries y Jack Trout, *Las 22 leyes inmutables del marketing*, Mcgraw-Hill, Madrid, 1993.

modelo en el cual se ha inspirado, realizado por cualquier cadena especializada. A diferencia de los creadores de producto, ellos no perciben los matices de la materia, del montaje o del corte. Para ellos es el *marketing*, es decir, su trabajo, lo que justifica la diversidad de los precios. Esta convicción está tan arraigada que, trabajando con las marcas durante mucho tiempo, los convierte mayoritariamente en profundos *label conscious*. Su trabajo consiste en determinar el tipo de comprador deseado por una marca o un producto. Bajo estas circunstancias, les es difícil ir contra los principios que ellos mismos han fijado.

Esta representación del individuo frente a la moda y a las marcas conduce a menudo a una concepción determinista del ser humano. Ésta parece describir a un hombre manipulado por los mecanismos que le superan y sobre los que carece de poder. Por lo tanto, la sociedad de consumo convertiría a los hombres en sujetos dóciles, condenados a reproducir una lógica de clase y a perpetuar el sistema. Así no es de extrañar que dos de los más célebres pensadores del mundo de la moda sean dos teóricos del irracionalismo: Jean Baudrillard y Pierre Bourdieu. Estos autores son citados a menudo dentro y fuera del sector. Contra todo pronóstico, sus teorías las utilizan periodistas, consultores y hombres de *marketing* que trabajan en moda. La revista *Citizen K*, muy leída por los *fashionistas*, también dedicó un largo artículo a Jean Baudrillard entre las páginas de un reportaje de Laetitia Casta y un artículo sobre la vuelta de la New Age. Las teorías de Pierre Bourdieu se mencionan frecuentemente en las páginas de los *Inrockuptibles* o *Technikart*, dos títulos importantes en el sector. En las obras de referencia sobre gestión dirigidas a los profesionales de la moda también se exponen las teorías de estos dos autores. Este tipo de libros, escritos normalmente por personas que comparten su tiempo entre la consejería a empresas y la enseñanza, aprenden el "sistema de los objetos" de Jean Baudrillard o la "estrategia de la distinción" de Pierre Bourdieu como dos construcciones indispensables para comprender la moda y el lujo. Uno de estos manuales presenta de la siguiente manera a estos dos autores: "Una rica corriente de pensamiento se ha formado sobre la base de estos análisis, esencialmente llevados a cabo por Jean Baudrillard y Pierre Bourdieu. Después se ha prolongado, mediante aplicaciones muy operativas, por definiciones de *sociostyles*".[164]

Pierre Bourdieu y Jean Baudrillard fueron muy leídos cuando la generación que hoy domina el mundo de la moda realizaba sus estudios. Estos nombres son familiares para gente como Miuccia Prada, cabeza visible de la marca Prada, que tenía veinte años en 1970. Actualmente, Miuccia no ha renegado de sus compromisos de juventud y financia coloquios en los que los intelectuales debaten sobre temas como la globalización. En una de estas ocasiones se pudo oír a Toni Negri, cabeza pensante de ultraizquierda convertido en teórico de la antiglobalización, mientras Miuccia Prada recomendaba su lectura.[165] Por esta misma razón Prada organizó en París, en octubre de 2000, un desfile muy controvertido en la sede del PCF, en la plaza Colonel-Fabien. "Mientras esperamos que el PCF vuelva a estar de moda, viva la moda en el PCF",[166] ironizaba entonces *Libération*. El desdoblamiento de Miuccia Prada, entre la izquierda chic y el poscapitalismo, se encuentra en la figura de su arquitecto Rem Koolhaas. Este neerlandés, profesor de Harvard, recibió en 2000 un premio Pritzker, algo así como el Nobel de la arquitectura. Desempeña al lado de Miuccia Prada un papel parecido al de Oliveiro Toscani junto a Luciano Benetton, medio artista en casa, medio loco en la corte, susceptible de decir en voz alta lo que su mecenas piensa en voz baja. Este creador de talento ha pensado acertadamemente la última tienda de Prada en Nueva York, aunque también es autor de numerosas provocaciones inspiradas por Baudrillard, Marcuse o Houellebecq. Bajo el provocador eslogan de "Fuck context!", Koolhaas en-

164. Alain Petitjean, *Le Luxe ou l'Écho de désir,* Eurostaf, París, 1998, p. 19. Otros ejemplos pueden hallarse en uno de los raros manuales consagrados al *marketing* del lujo: *Luxe... stratégie, marketing,* Economica, París, 1997, de Daniele Alléres, directora del DESS "Gestion des industries du luxe et des métiers de l'art". También se puede consultar la obra de Marie-Claude Sicard profesora en Celsa y consejera de empresas del mundo de la moda (M.-C. Sicard, *Luxe, Mensonge et Marketing,* Village Mondial, Paris, 2003).
165. *Libération*, 14 de septiembre de 2002.
166. *Libération*, 12 de octubre de 2000.

tiende, desde una postura eminentemente irónica, que deben equiparse las especificidades locales con vistas a transformar el planeta en una vasta galería de comercio. De aquí el interés del arquitecto por la comercialización del espacio público, bajo el poderoso concepto del *shopping*™,[167] que resume bajo el eslogan "Yen-Euro-Dollar".

Pero Miuccia Prada no es un ejemplo aislado. Existe toda una generación de individuos de poder en el mundo de la moda que se han inspirado explícitamente en los pensadores críticos del consumo: Camper y Diesel son dos ejemplos muy evidentes. Estas dos empresas se han distinguido con un éxito considerable, sobre todo Diesel, por explotar la vía de una "izquierda consensuada". Los zapatos de Camper han tomado la contra del modelo Nike, ofreciendo a la gente el siguiente consejo: "¡Camina, no corras!". En cuanto a Diesel, ha utilizado campañas llenas de ironía, en las que, por ejemplo, un continente africano super-desarrollado, venía a ayudar a un Occidente empobrecido. El sociólogo Daniel Bell observaba, o más bien lamentaba, que tanto la publicidad como la alta costura se habían vuelto formas experimentales de rebelión.[168] Y su profecía se ha cumplido en parte: la revolución ha tomado forma de comercio de objetos.

El mezclar a Bourdieu y a Baudrillard con prácticas situadas en las antípodas de sus compromisos políticos originales crea situaciones involuntariamente cómicas. Un manual para directivos del lujo es seguramente el último lugar donde Bourdieu hubiera deseado ver escrito su nombre. Originariamente, la moda era un universo suficientemente extraño para este pensador de la sociología, cuya vocación era liberar al mundo de la miseria. La estrategia de distinción de Bourdieu quiere denunciar el carácter fáctico de los juicios del gusto. Contrariamente a lo que se piensa, con él los hombres no expresarían

167. TM: *trade mark* (marca registrada)
168. Daniel Bell, *Las contradicciones culturales del capitalismo*, Alianza, Madrid, 1982.

sus preferencias, sino que reivindicarían su pertenencia a una clase social. La sociología de Bourdieu pretende revelar a los individuos la verdad sobre sus admiraciones, por lo que, una vez conscientes de ello, podrían ser lo suficientemente lúcidos como para rechazar las lógicas de reproducción de clases. Por ello, resulta terriblemente irónico ver a este autor entre las páginas de la bibliografía sobre gestión, encargada de mejorar la industria de la distinción... En el caso de Baudrillard la paradoja es parecida. Su obra denuncia la dependencia del consumo y de los objetos en nuestras vidas. Obedecer las tendencias simboliza la alienación contra la que él se rebela. ¿Es entonces la moda un universo masoquista que adora honrar a aquellos que la detestan? Evidentemente, no. Lo que pasa es que la moda encuentra en estas teorías la confirmación de un gran número de convicciones del sector. Estas obras de la sociología, representadas en este caso por Bourdieu y Baudrillard, sirven de manuales de conducta para muchos de los protagonistas del sector del *marketing*, la moda, y la publicidad. Estos préstamos no son casualidad: los mecanismos por los que ambos autores perciben los efectos en la sociedad en general tienen una eficacia limitada en los dominios donde el esnobismo es una ideología profesional, como en estas pequeñas tribus.

Para considerar que la estrategia de distinción rige el comportamiento de la población, para creer que el ser humano está alienado por las marcas y los objetos, basta con que los profesionales de la moda crean que la sociedad funciona como una gran reproducción del medio que ellos conocen. Junto con ciertos críticos del capitalismo, estos profesionales acaban siendo los individuos más obsesionados por el poder de las marcas en nuestro mundo.

El mundo de la moda se caracteriza por la preeminencia que otorga a la distinción. Desde el lugar que se ocupa en un desfile, hasta el cuidado del más mínimo detalle en ciertas casas, este universo se prolonga de manera artificial en el mundo de las castas. En este contexto, cualquier motivo es válido para materializar una lucha de poder. Puede hasta tratarse de un accesorio regalado por una marca a algunos VIP. El objeto no importa, lo que importa es cómo se distribuye. Bajo estos principios, muchas marcas distribuyen en exclusiva estos objetos en sus desfiles. Sólo los *apparatchiks* saben descifrar este relicario cuando lo ven en alguno de sus congéneres; porque el común de los mortales ignora que, en esta especie en particular, la posesión equivale a la posición.

En este universo donde la estrategia de distinción es una identidad común, parece posible la existencia de una sociología específica del esnobismo que sustituya a la sociología habitual, porque frente al esnobismo los profesionales de la moda tienen, el reconocimiento que se tiene frente a una madre que alimenta. Tienden a creerse que el imperio del esnobismo representa y se aplica a toda la sociedad. Comparten esta convicción con Baudrillard, que aplica a nuestro mundo la totalidad de mecanismos que en realidad sólo dominan a los *fashion victims*. Son éstos, y no todo en mundo, quienes viven bajo la "dictadura total de la moda".[169] Asimismo, lo que Baudrillard estima es que "la elección fundamental, inconsciente, automática del consumidor, es aceptar el estilo de vida de una sociedad en particular (por lo tanto, ¡ya no se trata de una elección! –y la teoría de la autonomía y la soberanía del consumidor es desmentida por la misma–)",[170] haciendo prueba de una confianza desmesurada en la capacidad del *marketing* y de las tendencias para manipular a los individuos. Por desgracia para las marcas, éstas no se benefician del poder de imponer el estilo que les plazca a las vidas de sus consumidores, más bien viven bajo la amenaza constante de las decisiones que puedan tomar éstos.

---

169. Jean Baudrillard, *La Société de consommation,* Denoël, París, 1970, p. 87. [Versión castellana: *La sociedad de consumo,* Plaza & Janés, Barcelona, 1974].
170. *Ibíd.*, p. 95.

Bourdieu, el modo de dominación de la moda

La explicación de Pierre Bourdieu acerca de la moda es conocida tanto por los especialistas como por los neófitos. Sin embargo, no llega a dar cuenta de la propagación de las tendencias en el seno de la sociedad. Según sus análisis, los gustos obedecen a una "difusión vertical". De este modo, una franja de la población, privilegiada en materia de capital cultural o de capital social, impondría sus elecciones al resto de la población por la vía del mimetismo. Por lo tanto, la configuración de las tendencias estaría sometida a la arbitrariedad de un *habitus* de clase. El *habitus* constituye una de las nociones claves de Bourdieu y dibuja las características de una clase que, sin saberlo, está destinada a reproducirse. De este modo, la elaboración de las tendencias reflejaría la división de la sociedad en diferentes estratos sociales, cada uno con sus maneras de ser y sus estilos de vida particulares.

Según Bourdieu[171], los creadores de la moda pertenecen forzosamente a las clases dominantes, pudiendo haber salido de ellas o con posibilidad de llegar a formar parte de las mismas. Esta teoría sobre las tendencias se basa en una concepción "irracionalista" del modisto. El creador de moda, para Bourdieu, no es un calculador racional: no crea una oferta con relación a una supuesta demanda. En cierto sentido, crea aquello que él es, su lápiz sigue sus propios gustos, delatados por la posición que ocupa en el espacio de la producción. Una teoría de este tipo supone resituar a cada uno de los protagonistas de este campo. Por esta razón, Bourdieu piensa a menudo en ayudarse mediante antagonismos. Opone a Balmain, modisto de "derechas", con una concepción conservadora de la moda, quien propone vestidos de lujo, exclusivos, prestigiosos y tradicionales, respecto a Scherrer, creador de "izquierdas", "super chic, kitsch, humorístico".[172] O

---

171. Pierre Bourdieu, "Le couturier et sa griffe: contribution à une théorie de la magie", *Actes de la recherche en sciences sociales*, nº 1, enero de 1975, p. 11.
172. Pierre Bourdieu, *Questions de sociologie*, Éditions de Minuit, París, 1983, p. 198. [Versión castellana: *Cuestiones de sociología*, Istmo, Madrid, 2000].

también distingue a Dior, en 1976, de Ungaro y Paco Rabanne (a quien Chanel llamaba el "metalúrgico"). Para ser moderno, explica Bourdieu, Rabanne se contenta con ser lo que es y crea un universo según su naturaleza. De este modo, Bourdieu encuentra, en el estilo de decoración interior de las casas de los creadores, su respectiva posición dentro del campo sociológico. En Balmain predomina el gusto por lo antiguo, Givenchy hace lugar a lo moderno dentro de su clasicismo, mientras que Cardin defiende una concepción moderna del barroco. En el otro extremo se hallan Courrèges, absolutamente moderno, o Hechter, dominado por un descuido muy estudiado y un vacío voluntario.[173]

Un creador llega, a traducir en un vestido su capital social y cultural según Bourdieu. En sus creaciones indumentarias transporta los gustos de la clase social a la que pertenece y la distinción social de la misma. Ésta es la razón por la que Bourdieu insiste en el capital relacional del que gozan la mayoría de los creadores, siempre presentados en función de las prestigiosas casas donde han oficiado históricamente. De todo ello se concluye que importan menos las competencias técnicas del creador que sus aptitudes simbólicas para trasladar sus afinidades al interior y al exterior del campo. En el interior, porque debe ser reconocido por sus semejantes y aquellos que importan (periodistas, críticos de moda, etc.); en el exterior, porque el público, que ocupa el mismo lugar en el espacio social, le reconoce como uno de los suyos gracias a este artificio.

El sistema forjado por Bourdieu se supone que debe rendir cuentas sobre las tendencias. Según el sociólogo, su contenido importa bien poco, porque lo que cuenta en realidad es la posición social de quien las lanza. Y como aquel que las crea –el modisto– no hace más que reflejar el gusto de la clase social a la que pertenece... Esta manera de entender el funcionamiento de la moda tiene el mérito de subrayar el carácter absolutamente arbitrario de las tendencias. Nada predestina a la cami-

173. Pierre Bourdieu, "Le couturier et sa griffe: contribution à une théorie de la magie", art. cit., p. 11.

seta a ser protagonista de las ventas durante dos veranos seguidos, 2000 y 2001, y ser pieza obligada de los jóvenes dandis. Sin embargo, cuesta entender cómo la moda puede distinguir a las clases sociales y simultáneamente difundirse entre ellas. Admitamos que el vestir sea uno de los componentes más representativos de los "estilos de vida [los cuales] son productos sistemáticos del *habitus*".[174] Por ejemplo, el traje Chanel puede ser presentado como uno de los componentes del *habitus* de la burguesía. Según esta representación de la realidad social, el mundo es sede de grandes fenómenos de mimetismo: dominantes que buscan distinción, dominados que quieren parecérseles. Bajo esta concepción vertical de la difusión de la moda, "un emblema de clase (en el sentido amplio del término), decae cuando pierde su poder distintivo. [...] Cuando la minifalda llegó a todo el mundo, vuelta a empezar de cero".[175] Sin embargo, las tendencias ya no se propagan exactamente de esta manera. Consciente o inconscientemente, la gente ya no imita las modas promovidas por las clases dominantes.

El hábito no hace la clase

Según Bourdieu, las tendencias son instrumentos utilizados de manera inconsciente por las clases dominantes en su estrategia de dominación. Y las clases dominadas adoptan inconscientemente estas tendencias. Esta visión de las cosas ha gozado de una cierta popularidad en el mundo de la moda, puesto que es sabido que la diferencia está en el corazón de la selección de cualquier tendencia.

Para Christian Lacroix es allí donde reside el secreto de su trabajo. "Quiero seguir creyendo que la diferencia es la clave de todo– escribe. [...] Universalidad, intemporalidad y eternidad son palabras que destierro del mundo de la moda. Es lo efíme-

---

174. Pierre Bourdieu, *La Distinction*, Éditions de Minuit, París, 1969, p. 192. [Versión castellana: *La distinción*, Taurus, Madrid, 2000].
175. Pierre Bourdieu, *Questions de sociologie*, *op. cit.*, p. 201.

ro, lo particular, lo único los verdaderos signos de identidad".[176] Tom Ford también explica: "La novedad es mi trabajo. Cada temporada, al principio de la colección, empiezo a hacer una lista de lo que estoy harto de ver. Y después me pregunto lo que me apetecerá".[177] Y Galliano concluye: "La moda es ante todo un arte del cambio".[178]

Esta voluntad de renovación es intrínseca al fenómeno de la moda. Se expresa de igual forma hoy en día con Tom Ford o Christian Lacroix, que ayer con Paul Poiret, quien decía que la moda de mañana le parecía siempre más bella que la de hoy. Y añadía: "Desde el momento en que un gobierno nace, ya sueño con derrocarlo para crear uno nuevo".[179] Desde el momento en que Poiret se va a Estados Unidos para lanzar allí su firma, anima a iniciarse a las mujeres del Nuevo Mundo en las tendencias ya que, según él, las ignoran demasiado. Con su habitual misoginia les explica que si la fidelidad es una cualidad "bastante rara" en el bello sexo, en la moda es una rutina... o cuando la "rutina es insoportable, la moda quiere cambio".[180]

Evidentemente, este tipo de estrategia de distinción está exenta de toda significación social: ningún creador considera sus bocetos unos instrumentos de dominación de clases. Según Bourdieu, esta negación del carácter social de la moda tiene como protagonistas "a aquellos que abusan [porque] son víctimas de abusos y abusan de tal manera que más abusan de ellos; son más mistificadores cuanto más son mistificados. Para jugar el juego hace falta creer en la ideología de la creación y, cuando uno es periodista de moda, no es bueno tener una visión sociológica de la moda".[181]

---

176. Christian Lacroix, "Faits de mode", en *Repères modes et textiles, op. cit.* p. 53.
177. *L'Express*, 1 de marzo de 2001, p. 24.
178. *L'Express*, 2 de enero de 2003.
179. Paul Poiret, *op. cit.*, p. 208.
180. *Ibíd.*, p. 209.
181. Pierre Bourdieu, *Questions de sociologie, op. cit.*, p. 205.

Sin embargo, la arbitrariedad de la creación indumentaria no se acoge a un mecanismo de clase. Aunque para ser totalmente legítima, la moda requiere una confirmación social, sin embargo, no es producida por un mecanismo de clase. Los antagonismos descritos por Bourdieu en 1976 serían particularmente difíciles de encontrar hoy en día. La idea según la cual los "dominados" buscarían imitar a los "dominantes" en su estilo en el vestir parece bastante anticuada. La moda está constituida por diversas influencias, muchas de la cuales no provienen de sectores favorecidos de la sociedad. Por ello, ¿podría asegurarse que Dior es hoy más conservador que Gucci o Prada? ¿No sería más bien al contrario? ¿O cómo situar hoy la derecha y la izquierda en el mundo de la moda? ¿En Lacoste, que viste a los jóvenes de extrarradio, o en APC, que seduce a los publicistas parisinos? La difusión vertical del gusto, la copia de las capas sociales superiores por los estratos inferiores, no describe la realidad de la moda.

Philippe Besnard y Cyril Grange[182] lo han señalado en materia de nombres: aquellos dados por los "mundanos" –por ejemplo Sixtine o Quitterie en el momento de hacerse la encuesta– no anuncian los que serían recuperados más tarde a escala nacional. En el dominio propio del vestir, Nicolas Herpin[183] mostró que, entre 1956 y 1984, las diferencias entre categorías sociales se habían acrecentado. La idea según la cual la moda se difundía por cascadas, de los ricos a los pobres, resultaba desmentida por los hechos. Por razones que traspasan el sector del vestir, el esquema de jerarquías no parece adecuado para describir a nuestra sociedad. En la moda adolescente la situación más bien parece invertirse por completo: todos los signos de marginalidad son privilegiados de manera evidente. El *bon chic bon genre* es el estilo de una ínfima minoría de adolescentes, y no son precisamente a ellos a quienes los demás pretenden imitar.

---

182. Philippe Besnard y Cyril Grange, "La fin de la diffusion verticale des goûts?", *L'Année sociologique*, 1993, nº 43, pp. 269–294.
183. Nicolas Herpin, "L'habillement: une dépense sur le déclin", *Économie et statistique*, nº 192, 1986, pp. 65-74.

La mayoría de los jóvenes están fascinados por todo lo que represente la cultura urbana, sean *skaters*, *ravers* o raperos. Esta actitud se esfuma, en la gran mayoría de los casos, con la entrada en el mundo laboral. Sin embargo, el estilo de vida de la gran burguesía ya no hace soñar a nadie: se puede envidiar su poder económico, pero no sus hábitos. En adelante, una marca de moda debe "encanallarse" para resultar deseable.

En materia de vestir el inconsciente tiene un papel muy poco importante. Los jóvenes y los menos jóvenes siguen una estrategia que refleja perfectamente su transformación. Cada mañana, delante del armario, cada uno sabe lo que quiere y no quiere ser. De este modo, la relación de nuestros contemporáneos con la moda puede explicarse sin comparar a los *fashion victims* con zombis incapaces de entender el sentido de sus actos.

7. La moda para convertirse en uno mismo

Para evocar las "buenas razones" por las que nuestros contemporáneos siguen la moda hay que poner entre paréntesis nuestros juicios de valor. Calificar a los *fashionistas* de seres irracionales es una manera de condenar las tendencias y a quienes las siguen. ¿Hay que estar a favor o en contra de la moda? Es difícil decidir. Por otra parte, algunos no eligen: están contra la moda, muy en contra. Ilustración caricaturesca: Madonna. En su álbum *American Life*, la cantante denuncia el imperio de la moda, la dictadura de la belleza y de las tendencias. Pero el mundo en el que vivimos no es en el que cantamos: después de todo, Madonna puede criticar un sistema del que ella constituye un mecanismo esencial.

Para entender las razones que nos incitan a seguir la moda, es importante intentar comprender antes de tratar de juzgar. Desde luego, bajo ciertos aspectos, nuestra relación con los vestidos puede parecer absurda. Las colas en las rebajas, la obsesión por las tendencias, constituyen una representación gregaria y narcisista de nuestros coetáneos. A veces, estos comportamientos no son sólo extraños, sino que se convierten en francamente patológicos, como en el caso del síndrome de la compra compulsiva. Sin embargo, las enfermedades de la moda nos reenvían a nuestra propia normalidad y nos muestran ostentosamente que la pasión por los trapos no puede reducirse a una pasión por los objetos.

Enfermos por la moda

Koba S. tiene una pesada responsabilidad: debe encarnar la locura consumista de sus contemporáneos. Este japonés de treinta años no tiene más que un ídolo y es una marca. Su existencia se resume en coleccionar metódicamente todos los vestidos del diseñador belga Dries Van Noten. Para estar seguro de no perderse ninguno, hace los pedidos por anticipado y se desplaza a Osaka, donde está su boutique preferida. Una imagen le muestra en su minúsculo estudio de Tokio: está estirado sobre la cama y, a su alrededor, dispuestos en corola, los artículos firmados por su creador preferido. Koba forma parte de las docenas de japoneses, fotografiados por Kyoichi Tzusuki,[184] en la serie que consagró a las *happy victims*, estos individuos convertidos en adictos a una marca.

Cada uno de los clichés de Tzusuki provoca malestar, como la frase que los acompaña: "Sois lo que compráis". Evidentemente, al mundo de la moda le encantó. No se trataba de recuperar otra vez el pensamiento crítico: en realidad, la moral que sostiene el trabajo de Tzusuki está ampliamente consensuada, consistiendo en denunciar a un Occidente enfermo de objetos. De todas las profecías marxistas, la única que tiene sentido hoy en día es la que evocaba el fetichismo de las mercancías. Es también la razón por la que fascina el síndrome de la compra compulsiva (SCC). Esta patología depende de esas enfermedades mentales transitorias descritas por Ian Hacking, que aparecen en "un lugar en una determinada época"[185] antes de desaparecer o de "reaparecer de cuando en cuando". De alguna manera, el SCC desempeña para nosotros el papel que en el siglo XIX jugó la histeria. Incluso aunque el número de casos de compradores compulsivos sea muy pequeño –al contrario que los histéricos diagnosticados en el pasado siglo–, esta enfermedad habla de la época.

La fascinación por las víctimas del SCC es tan fuerte que cuando los medios encuentran un ejemplo apetitoso le aseguran la mejor difusión. Un ejemplo: los americanos lo saben todo del caso Elizabeth Roach, acusada de haber robado a su patrón casi 250.000 dólares para llenar su guardarropa. Si esta mujer hubiese sido una modistilla incapaz de encontrar el traje apropiado para una cita amorosa, el hecho no hubiese tenido tal vez tanto eco. Pero no: en la vida civil, esta *fashion victim* era un cargo superior de Andersen, con un salario anual de 150.000 dóla-

---

184. *L'Officiel*, mayo de 2003, p. 178.
185. Ian Hacking, *Mad Travelers*, Harvard University Press, Cambridge, 2002.

res. La vida de Elizabeth Roach era sorprendentemente simple: cuando no trabajaba, compraba. Vestidos a menudo, zapatos, más: setenta pares en una sola tarde. "Comprar" es un verbo demasiado superficial para describir el comportamiento de esta mujer: en realidad, ella se sometía a una exhortación, como si una divinidad superior le diese la orden de llenar el armario. Está claro que no buscaba "algo que ponerse", sino que engrosaba su guardarropa. La mayoría de las víctimas de este síndrome no conocen más que algunos episodios de crisis a lo largo de toda su vida, pero para Elizabeth Roach estos episodios se sucedían con tal frecuencia que su vida cotidiana se organizaba en torno a estas sesiones de *shopping*. Mientras los otros vivían, ella saqueaba las tiendas en solitario. En un viaje de negocios a Londres, prefirió seguir con su sesión de *shopping* antes que acudir a una cita de trabajo. La tarde fue fructuosa: 30.000 dólares de gastos, 7.000 de ellos por una hebilla de cinturón. Tal vez el disfrute proporcionado por estas compras escondía en realidad una llamada de socorro, un intento de romper esta lógica infernal: en ella, la consumidora había matado a la mujer. La justicia escuchó el lamento y la atrapó al bajar del avión.

Los compradores compulsivos simbolizan el sufrimiento de los ricos en su más pura obscenidad. Frente a ellos, la opinión oscila entre la compasión y la condenación. El debate fue lanzado en Estados Unidos en 2002 por una misteriosa Karyn. Esta treinteañera a lo Bridget Jones hizo vía Internet una llamada de socorro: su banquero amenazaba con suprimirle su tarjeta de crédito si no abonaba el déficit provocado por sus sucesivas visitas a Prada y Gucci. También pedía, como si fuera una enferma y no una culpable, ¡que se le hiciesen donativos! Además, también puso a la venta en la web el centenar de vestidos inútiles, responsables de los problemas con su banquero. ¿Una broma? El *site* savekaryn.com dividió a la opinión y suscitó una respuesta, lógicamente bautizada dontsavekaryn.com.

El ejemplo de Karyn, como el de otras compradoras compulsivas, atestigua la naturaleza singular de nuestras relaciones con la moda. Sólo los objetos *investidos* pueden suscitar comportamientos tan extremos. La experiencia de la carencia o del exceso se fija muy a menudo en identidades altamente simbólicas, como la comida o el sexo. Que nuestra relación con los vestidos sea normal o patológica encubre siempre más que una pasión banal por nuestro guardarropa.

Vestir nuestro ser

La moda afecta a una cuestión esencial para nuestros contemporáneos, tal vez la más esencial de todas: la de su identidad. Por eso, interpretar este fenómeno como un signo suplementario del materialismo de Occidente es lo mismo que hacerlo incomprensible.

Como hemos visto anteriormente, las tendencias no se aplican sólo a los objetos comerciales: el ejemplo de los nombres basta para persuadirnos. Por otro lado, nuestra época conoce, al igual que las precedentes, formas de moda hostiles a la moda, y el vigor de estas modas alternativas es proporcional a la dimensión tomada por la economía de la moda. Las estrategias que apuntan a vestirse fuera de los circuitos tradicionales se han multiplicado estos últimos años y ya no son sólo propias de los marginales. El *vintage* saca una parte de su atractivo de este hastío: el exceso de marcas, de novedad, de publicidad ha moldeado las estrategias de respuesta. De esta manera, una parte de la clientela se ha apartado de las marcas tradicionales en provecho de la ropa de segunda mano o de los mercadillos. Desde entonces, el juego cambia sus reglas: ya no consiste en perseguir la última novedad, sino, al contrario, en vestirse con viejos modelos de tejanos o zapatillas deportivas. Rápidamente también ahí se han creado distinciones: no se trata de encontrar simplemente un viejo Levi's, sino un 501 en particular, que estuvo brevemente en el mercado. El *vintage* tomó mucha importancia en la década de los noventa, acompañado en su desarrollo por movimientos que se singularizaban también por los vestidos recuperados. La trilogía tejano (o pantalón de camuflaje), camiseta, zapatillas deportivas fue igualmente promovida por los adeptos al tecno o tribus urbanas como los *rollers* o los *skates*. Evidentemente, desde su aparición, estas tentativas de evitar el sistema comercial no han ido muy lejos: las marcas han sabido explotar hábilmente estos entusiasmos.

Sin embargo, estas tendencias especialmente populares entre los jóvenes subrayan una vez más que la moda es, ante todo, una manera de moldear su identidad. Por su apariencia, un individuo se sitúa tanto con respecto a los otros como a sí mismo. En estas condiciones, la moda es uno de los medios que utiliza para convertirse en él mismo. Este medio no tiene tal vez la misma dignidad que la religión o el militantismo, pero desempeña la misma función en cierta medida. Precisemos: comparar la moda con la religión no tiene sentido, aunque sí es cierto que ambas esferas influyen profundamente en la manera en que se "fabrican" las identidades hoy en día. Antaño, el niño heredaba por nacimiento un lugar en la sociedad y a este lugar correspondían una fe, una profesión, un vestido. Salvo raras excepciones, era imposible modificar estos datos de origen. Al pasar de la tradición a la modernidad, la sociedad adoptó la autonomía como principio dominante: cada uno es formalmente libre de vivir su vida como quiera. De esta manera, tenemos el derecho, pero también el deber, de elegirnos a nosotros mismos. En materia de religión, este derecho a veces está sometido a ciertos determinismos, incluso aunque la mayoría de los occidentales tienen la libertad de seguir o no la fe de sus antepasados, de abandonarla, de convertirse o, incluso, de cambiar las modalidades de esta creencia. En materia de indumentaria, la idea según la que cada uno decide su apariencia depende de una evidencia: la Revolución Francesa puso punto final al traje imperativo y el individuo prolonga con sus elecciones indumentarias el trabajo sobre su identidad. Es la razón por la que la preocupación por la moda llega al summum en los períodos en los que cada uno busca definirse. Es evidente en el caso de los adolescentes, un momento de la existencia en el que la atención por las marcas se manifiesta de una manera especialmente aguda. En esta época de la vida la integración en un grupo reviste una particular importancia y los jóvenes adoptan, bajo una forma exacerbada, una actitud que no sólo ellos muestran. Muy probablemente, la preocupación por el adorno acompaña muchos momentos de la búsqueda de la identidad.

En el seno de nuestras sociedades, la inquietud por la apariencia obliga a transigir con la moda o, dicho de otra manera, con las elecciones colectivas en favor de ciertas tendencias. En el interior de estas diferentes propuestas el individuo hace su elección y ésta proviene de una estrategia perfectamente racional. De manera deliberada, el individuo intenta conjugar distinción e imitación, para convertirse en aquel que desea ser. Estas preocupaciones conjuntas, y a veces antagonistas, explican las actitudes paradójicas observadas respecto a la moda.

Vestir(se) para distinguir(se)

Distinguirse no es, en Occidente, una operación anodina. En efecto, desde sus inicios, la civilización cristiana mantiene una relación ambivalente con lo diferente. La importancia que ha adquirido la moda hoy testimonia la voluntad general de singularizarse, escapando al conformismo y a la homogeneidad. Todavía mejor: muestra, como hemos visto, la victoria de los modelos minoritarios que ya han inspirado un buen número de modas culturales, desde el *rap* hasta ciertos comportamientos nacidos antes en el seno de la comunidad homosexual. Sin embargo, se trata de un reconocimiento tardío: durante largos siglos nuestra sociedad se ha construido contra la diferencia, proyectando fundar una colectividad homogénea. Nuestra relación con la moda simboliza el eclipse del marco tradicional en provecho de la modernidad. Como ha subrayado Gilles Lipovetsky,[186] la historia de la moda es indisociable de la de la modernidad. Ambos fenómenos son, por otro lado, concomitantes: la moda occidental aparece bajo su forma actual en el siglo XIV, es decir, al alba de los tiempos modernos. El advenimiento de la moda

186. Gilles Lipovetsky, *L'empire de l'éphémère*, Gallimard, París, 1987. [Versión castellana: *El imperio de lo efímero*, Anagrama, Barcelona, 1990].

marcó el debut de una revolución silenciosa dominada por el ocaso del cristianismo y el cambio respecto a lo diferente. En efecto, durante muchos siglos –desde el edicto de Constantino (313) hasta la Revolución Francesa–, el mundo occidental vivió bajo el reinado del catolicismo. En el transcurso de este período, esta religión intentó construir una sociedad homogénea, un cristianismo de corazones y cuerpos. El desarrollo de la moda en Occidente es uno de los signos del fracaso de esta tentativa.

Para entender la revolución antropológica provocada por la modernidad, hay que volver a los cimientos fundadores de nuestra civilización, es decir, al proyecto cristiano original. Cuando se creó, se suponía que la Iglesia debía fundar una colectividad conforme al mensaje universalista de san Pablo, por el que la cristiandad era portadora de un proyecto singular: procurar que no haya más "ni judíos, ni griegos". Desde entonces, la religión católica piensa la sociedad como si se tratase de una totalidad orgánica, una construcción armónica que reúne, unos con otros, seres homogéneos dotados cada uno de un sitio específico. En ese mundo, la alteridad es una aberración provisional; en breve, todas las personas serán cristianas y tomarán su sitio en el seno del cuerpo social simbolizado por el cuerpo de Cristo, con la Iglesia como cabeza visible. Los diferentes no perdurarán: los paganos están destinados a ser evangelizados, los heréticos a ser convencidos. Sólo los judíos se benefician de un lugar aparte: su estatuto específico se justifica por el hecho de que atestiguan, tanto por su permanencia como por su sufrimiento, la verdad del mensaje de Cristo.

La esperanza de transformar a la humanidad en un género homogéneo desapareció en el transcurso de la Baja Edad Media, entre los siglos XIII y XV. Al final de un proceso del que se pueden discutir las etapas, pero no el sentido general, Occidente basculó en lo que el historiador Robert Moore llamó una "sociedad de persecución".[187] Mientras estuvo en el apogeo de

187. Robert Moore, *The formation of a Persecuting Society*, Blackwell, Oxford, 1987.

su poder, la Iglesia contribuyó, directa o indirectamente, a la adopción de una serie de decisiones hostiles a las minorías. El sueño de universalidad del cristianismo duró poco: Occidente se convirtió, por el contrario, en el lugar de una intensa fabricación de Otros. Las categorías de diferentes se multiplicaron: a los judíos se les sumaron los homosexuales, los leprosos, las prostitutas, los cátaros, etc. En el mejor de los casos, estas minorías eran toleradas, en el peor, eran perseguidas o expulsadas.

Durante mucho tiempo, la Iglesia había alimentado la esperanza de vestir a sus fieles mediante un vestido único, la clámide, una especie de túnica larga, heredada de la Antigüedad, y llevada tardíamente en Bizancio. Finalmente, sólo el clero secular volverá a vestir este traje. Por el contrario, la institución eclesiástica intentó subrayar la alteridad mediante las distinciones indumentarias. El IV concilio de Letrán (1215) dictó disposiciones específicas para que judíos y musulmanes, entonces llamados sarracenos, se distinguiesen de los cristianos por sus vestidos. Estas minorías no se adhirieron a una moda, sino que la padecieron, y con ellas y a su costa se inauguró la inscripción indumentaria de las diferencias sociales. Ilustración de esta obligación: el traje que se impuso a los judíos, una regla interpretada de manera variable según el lugar. En Francia, la "rueda de los judíos" fue obligatoria, parece ser, desde 1269. Este signo distintivo, marcador de la infamia, prefiguró la siniestra estrella amarilla.

El giro que supuso la Edad Media es de una importancia crucial para la historia de la moda. Es imposible imaginar la moda sin un individuo autónomo, que expresa sus esperanzas y deseos propios; por lo tanto, la génesis del individuo moderno empieza en esta época. La sociedad tradicional le dota, al nacer, de una identidad, de una profesión e incluso de un vestido. Con la modernidad, la religión cada vez pesa menos sobre los individuos, que se vuelven libres en cuanto a sus elecciones y dueños de su existencia. Por esto, las tendencias –en el sentido contemporáneo de la palabra– nacen en el transcurso del siglo XIV.

La Marignan[188] de los historiadores de la indumentaria tuvo lugar hacia 1340: en esta fecha el vestido masculino se acortó y algunos empezaron a abandonar el traje largo y amplio, común a ambos sexos desde hacía siglos. Corto para los hombres, largo para las mujeres, el traje se hizo, en lo sucesivo, ajustado y generalmente abierto, en parte o totalmente. Las túnicas fueron reemplazadas por una especie de camisolas llamadas "jaquet" –predecesora de la *jacket*, chaqueta en inglés– que llegaban por encima de las rodillas. Las calzas, descubiertas en casi toda su largura, se ataban a los calzones a la altura de los muslos. El nacimiento de un traje diferenciado para hombres y mujeres materializó el fracaso del proyecto de sociedad homogénea.

Los grupos perseguidos (judíos, musulmanes y homosexuales) no tienen más que un punto en común: separarse del modo de vida promovido por la cristiandad. Durante muchos siglos, desde la Edad Media hasta la época contemporánea, estas comunidades serán encerradas, sobre todo por su condición de diferentes. Hoy, nuestra modernidad se singulariza por una actitud nueva respecto a la alteridad. La intolerancia subsiste, pero se torna discreta. Un ejemplo: la homofobia se atenúa, incluso en los discursos más reaccionarios. Las minorías se han convertido, por el contrario, en fuentes de inspiración y el estilo indumentario de los *gays* se ha difundido de manera considerable entre los heterosexuales. La moda de las *boys bands*[189] contribuyó a promover una estética homosexual entre los jóvenes mayoritariamente heterosexuales. La indumentaria del colectivo tiene un gran éxito incluso en la Francia rural; muchos *teenagers* tienen su *marcel*[190]; los calzoncillos *boxer*, inventados por Calvin Klein, se han convertido en algo terriblemente banal (anteriormente fueron bautizados, en broma, "Jean Genet Boxer Short"). Un último ejemplo reciente: la adopción, por parte de muchos hetero-

---

188. La batalla de Marignan (Italia) por el Ducado de Milán tuvo lugar en septiembre de 1515, entre la Francia de Francisco I y el ejército suizo, aliado de los milaneses. La victoria fue para los franceses (N.T.).
189. Grupos musicales formados exclusivamente por chicos, fenómeno típico de finales de la década de los años ochenta (N.T.).
190. Camiseta sin mangas (N.T.).

sexuales, de los tejanos modelo femenino, realzando las formas masculinas de manera inédita. Si las modas promovidas por las minorías gustan, y no sólo las de los homosexuales, es porque la diferencia se ha convertido en un ideal de realización para cada uno de nosotros: cada uno aspira a convertirse en *otro*.

De la distinción a la imitación

La sola voluntad de distinguirse no basta para crear modas. Para existir, las tendencias necesitan de procesos miméticos mediante los que se creen polarizaciones. Un fenómeno que conjugue imitación y distinción acaba necesariamente en una paradoja. En efecto, mientras la realización de uno mismo es uno de los ideales de la época, las masas occidentales ofrecen un espectáculo homogéneo.

Esta situación es tanto más sorprendente cuanto ya no nos vestimos de manera servil, sino que nuestra vestimenta está construida de manera deliberada y consciente. Los individuos son tanto más lúcidos en sus elecciones indumentarias cuanto más informados están sobre el significado de los *looks*. Además, la uniformización de las apariencias no proviene de la imitación de un modelo sugerido por las clases dominantes. Nuestra sociedad se caracteriza por su reflexividad, su capacidad de decodificar los símbolos sociales que son los vestidos o las marcas. Estos símbolos pueden informar sobre la posición social de un individuo y a veces también sobre su nivel de ingresos. Sin embargo, son sobre todo instructivos respecto a la imagen que éste desea enviar. Esta aptitud de lectura de la sociedad no es nueva, ya que existía bajo el Antiguo Régimen, pero, como decía Tocqueville, "en las sociedades aristocráticas las relaciones exteriores de los hombres entre ellos están sometidas a unas convenciones más o menos fijas".[191] Hoy, por el contrario, las formas evolucionan. Por esta razón es necesario una cierta ha-

191. Alexis de Tocqueville, *De la démocratie en Amérique*, *op. cit.*, pp. 183-184.

bilidad para poner al día nuestro conocimiento de unas convenciones que no paran de transformarse.

La inocencia sociológica no pertenece a este mundo. La época se pirra por los sujetos llamados "de sociedad", los *yuppies* y otros *bobos,*[192] como si existiesen de la misma manera que los empleados de correos o los extremeños. Nuevas tribus sociales son continuamente descubiertas por los laboratorios de *marketing* y los medios se encargan de popularizar a estos avanzados del conocimiento. El último descubrimiento: los metrosexuales (metro por metropolitanos y sexual por una 'sexualidad paradójica, a medio camino entre el *macho man* y el efebo enganchado a su espejo).[193] De esta manera, una nueva tendencia entre los hombres conduciría a algunos de ellos, se nos explica, a reivindicar sin complejos su parte de feminidad, erigiéndola incluso como estilo de vida. Poco importa la realidad de los metrosexuales si la noción se populariza, habrá que contar con ellos. Sus signos de reconocimiento se unirán entonces a las demás panoplias que el presente nos propone para construir nuestras apariencias.

Sin embargo, la multiplicidad de panoplias disponibles contrasta con esta impresión de homogeneidad que las masas occidentales ofrecen a la mirada. Esta uniformidad proviene, ante todo, de la naturaleza misma de nuestras estrategias de imitación. Los individuos no son tontos, saben perfectamente que la imitación está en el origen de muchas decisiones en materia indumentaria. Pero, en estos procesos miméticos, desean sentirse libres. Esta aspiración sobrepasa, evidentemente, el ámbito del vestido. "La cantidad de elecciones que debemos hacer en el transcurso de nuestra existencia no deja de aumentar, cada uno tiene ahora la responsabilidad de su propia biografía", estima el sociólogo Ulrich Beck.[194] El deseo de elegir nuestra apariencia se re-

192. *Bobo: bohemian-bourgeois* (bohemio-burgués) (N. T.).
193. Thibault de Montaigu, "Métrosexuels, les hommes d'appret", *Libération*, 5 de septiembre de 2003.
194. "The proportion of life opportunities which are fundamentally closed to decision making is decreasing and the proportion of biography which is open

fleja, por ejemplo, en la admiración consagrada al dandi, mientras que nos reímos del snob. El snob se provee indebidamente de un sentimiento de superioridad, pensando equivocadamente que pertenece a una vanguardia; pero, lejos de ser un cabecilla, en realidad es el conducido: su comportamiento está siempre determinado por la mirada de los demás. El dandi, al contrario, es un auténtico original, naturalmente singular. Nada le indispone más que el conformismo.

Es entonces cuando aparece una paradoja. Los uniformes son detestados unánimemente, casi han desaparecido. Sin embargo, una parte creciente del globo vive bajo el imperio de una moda única. En Occidente, los trajes regionales o nacionales pertenecen al folclore. En el ámbito del vestido, los signos de distinción social desaparecen unos tras otros. Anteriormente, una mujer de la alta burguesía podía cambiarse de vestido al menos cinco veces al día, ya que múltiples acontecimientos imponían a las clases privilegiadas "vestirse". Todo esto ya pertenece al pasado. En la actualidad, al contrario, las convenciones evolucionan rápidamente hacia un formalismo menor. Ilustración de esta modificación: llevar corbata ya no es lo que era. Van con la camisa abierta o bien ni siquiera la llevan, tanto el estudiante, el marginal como el ejecutivo, testimoniando así su ausencia de sujeción a cualquier disciplina indumentaria. Cuando la economía se llamaba "nueva" y las *start-ups* se multiplicaban, el joven universitario consideraba la corbata tan retrógrada como el monóculo. Cuando los tiempos se hicieron más difíciles, algunas empresas aprovecharon para reclamarla de nuevo. Pero, por regla general, las diferencias indumentarias se esfuman, traduciendo de esta manera el hecho de que la condición de los hombres se iguala. No son los ricos o los pobres quienes desaparecen, sino los indicios que permitían distinguirlos. En otro tiempo, a cada momento del día co-

---

and must be constructed biographically is increasing" [La proporción de oportunidades en la vida relacionadas con tomar decisiones es decreciente, mientras que la proporción de biografía que está abierta y que debe construirse biográficamente aumenta] (Ulrich Beck, *Risk Society*, Sage, Londres, 1992, pp. 136-137). [Versión castellana: *La sociedad de riesgo*, Paidós Ibérica, Barcelona, 1998].

rrespondía un tipo de atuendo: el cóctel exigía su vestido, que no convenía a una cena. Hoy, ¿quién se preocupa de estos protocolos? Los trajes se han vuelto informales, *casual*. Y el colmo del mal gusto, si creemos a Armani, es *try it too hard*,[195] vestir demasiado. La versión moderna de la crinolina, esta forma o este tipo de vestido alrededor del cual cada uno se imagina, se caracteriza por su universalidad. Tres de las invenciones más importantes de la moda del siglo xx en materia textil –el tejano, las zapatillas deportivas, la camiseta– son llevadas sin distinción de clase, de nacionalidad, de género o de edad.

De todas maneras, como ilustraba el caso Lacoste, el presupuesto que los individuos consagran a su vestimenta no refleja necesariamente su pertenencia social. Descubrir de dónde proviene un vestido reclama ahora ojos experimentados. Para distinguirse unas de otras, las marcas se ven sometidas al narcisismo de las pequeñas diferencias, cada una busca el pequeño truco que lo cambie todo, como el tejano Notify "con sus lujosos detalles, su pátina especial, sus cuatro cortes diferentes";[196] o las prendas Prada Sport, una línea muy copiada, que debió su salvación durante mucho tiempo a una pequeña banda roja que permitía distinguir el original de las copias. El detalle funcionó hasta el momento en que las grandes empresas que proponían prendas a buen precio empezaron también a utilizar una banda roja. Hay que decir que este ejercicio a veces se convierte en un quebradero de cabeza. En la moda masculina, los matices son especialmente difíciles de percibir. La competencia necesaria para juzgar sobre el corte de un traje falta a muchos no–especialistas. Las innovaciones más decisivas realizadas en este ámbito son generalmente invisibles y afectan a los tejidos. De esta manera, algunos trajes, conservando el aspecto tradicional de tejidos de lana, son inarrugables y otros, extensibles: tan sutiles perfeccionamientos impiden adivinar, tras el tejido, el gasto.

---

195. *Marie Claire*, septiembre de 2003, p. 89.
196. *Elle*, 25 de agosto de 2003, p. 12.

En tal contexto, la logomanía constituye una bendición. Muchos artículos se distinguen de sus competidores por la sola mención de la marca, bien destacada sobre el bolsillo trasero de un tejano o sobre la camiseta más corriente. Después de la mala venta de una de sus colecciones, Versace fue tan sagaz como para aumentar el tamaño de su logo en sus tejanos; parece ser que ello era lo que esperaba la clientela para volver a comprar sus productos. Estos marcajes permiten a quienes los llevan conciliar voluntad de distinción y deseo de pertenencia. Los logos adornan sobre todo las prendas sin originalidad, casi todos los *basics*, permitiéndoles así integrarse en la gran normatividad de la época.

Nuestros coetáneos no son más gregarios que sus antepasados. La época, en contraparitda, impone sus normas en el campo de la apariencia. De esta manera, la visión social nos incita a seguir la estrecha vía delimitada por las tendencias y los criterios del buen gusto. La belleza se ha convertido en un deber cultural, prácticamente, como ha expuesto Bruno Remaury.[197] Es lo que explica este amplio consumo de moda, desde las cremas y otros ungüentos hasta la cirugía estética. El escalpelo ha llegado a ser el complemento de la aguja. A veces, hojeando las revistas, se tiene la rara impresión de que un sagaz comerciante ha vendido a varios clientes la misma nariz o los mismos labios. Cada tiempo ha tenido su estilo de belleza corporal, pero el nuestro es el primero que ha desarrollado unas técnicas que permiten modelar el físico en profundidad. En materia de apariencia, nuestra libertad está muy restringida en realidad. Nuestra época pretende ser tolerante, pero esta tolerancia depende de un deseo piadoso. Jean-Claude Kaufmann tuvo ocasión de mostrar, en su estudio sobre los senos desnudos,[198] hasta qué punto la playa podía ser normativa. Originalmente, el *top-less* era practicado en nombre de la íntima libertad de cada uno; sin embargo, una multitud de prohibiciones distingue a las "que pueden

---

197. Bruno Remaury, *Le Beau Sexe faible*, Grasset, París, 2000.
198. Jean-Claude Kaufmann, *Corps de femmes, regards d'hommes: sociologie des seins*, Nathan, París, 1995.

permitírselo" de las demás, que harían "mejor absteniéndose". El individuo ya no puede abstraerse hoy de esta presión social, lo mismo un actor no puede desentenderse de la opinión de sus espectadores.

El yo como última utopía

Detrás de nuestra admiración por la moda, encontramos el fervor suscitado por lo que poseemos de más querido: nosotros mismos. La constatación es de lo más evidente, ya que ninguna utopía puede movilizarnos colectivamente. Como temía Tocqueville, la modernidad ha fabricado un hombre replegado en sí mismo; después de haber separado al hombre de sus contemporáneos, "le lleva de nuevo incesantemente hacia él solo y amenaza con encerrarle al final por completo en la soledad de su corazón".[199] Se nota en la creación contemporánea, películas y novelas, una proliferación de "monstruos" que se miran el ombligo: el arquetipo de estos personajes fue sugerido por Bret Easton Ellis en su novela *American Psycho*. Ellis pone en escena a un joven de veintiséis años, Patrick Bateman, adorador de marcas y trajes, mitad *yuppy*, mitad asesino en serie. Bateman está obnubilado por su yo, pasa horas en el gimnasio y en la esteticista, reflexiona sobre lo que podría o debería consumir y, de vez en cuando, con sus uñas de manicura descuartiza a sus amantes. En estos últimos tiempos, numerosos autores se han inspirado en las historias de los asesinos en serie porque simbolizan de manera hiperbólica una patología que intriga a los psiquiatras, especialmente en Estados Unidos, mucho más que el síndrome de la compra compulsiva. Esta patología es el trastorno comúnmente conocido como personalidad múltiple.

•

El trastorno disociativo pone de manifiesto la obsesión por cambiar de identidad, de querer ser uno mismo mientras se busca convertirse en otro. Quienes viven varios en un mismo cuerpo

199. Alexis de Tocqueville, *De la démocratie en Amérique*, tomo II, *op. cit.*, *Obras completas*, vol I, p. 106.

son los nuevos malditos de la tierra. Llegados al extremo de la lógica de la época, han padecido el "sentimiento de no ser nada ni de ninguna parte, el vértigo ante su propio vacío [convirtiendo] el precio que deben pagar por ejercer una cierta forma de propiedad de sí mismos", como formuló Marcel Gauchet.[200] La era de la autonomía del sujeto plantea al individuo problemas para definirse, pero también para ir hacia el otro. Aquí también, Bateman, el personaje de Ellis, se presenta revelador: su locura es una metáfora de las dificultades encontradas por nuestros semejantes desde que somos modernos. Nuestras patologías del *vínculo* son consecuencia de nuestras obsesiones narcisistas.

La necesidad de moda se inscribe entre estos dos polos: la voluntad de ser uno mismo y el deseo de relacionarse con el otro. Algunos creadores han percibido muy bien lo que la moda y las patologías del vínculo tenían en común. Calvin Klein, en sus campañas publicitarias, ha explotado durante mucho tiempo este filón, exprimiendo al parecer sus propias angustias. Uno de sus *spots* publicitarios presentaba a una pareja buscándose en un largo pasillo, sin llegar a encontrarse. Otros anuncios mostraban personajes soltando largos monólogos existenciales, en una atmósfera tan cálida como un gran vaso de agua helada. Estos anuncios eran tan característicos que dieron lugar a jocosas parodias en Estados Unidos. El porno-chic es merecedor de la misma interpretación: seres incapaces de entablar verdaderas relaciones con el otro, donde cuerpos se entrecruzan, rutilantes, en relaciones de dominación o fetichismo y nunca hay amor, a lo sumo su imitación.

La patología de vínculo es una consecuencia de la incapacidad del individuo contemporáneo de saber quién es. A partir de ahora debe encontrar su lugar sin la ayuda de ninguna tradición. La moda puede intentar asumir este papel integrador, ya que permite al individuo posicionarse oponiéndose, pertenecer y distinguirse. Pero la simple operación que consiste en cons-

---

200. Marcel Gauchet, "Essai de psychologie contemporaine", en *La Démocratie contre elle-même*, Gallimard, París, 2002, p. 257.

truirse por identificación es más problemática que antes. ¿Cuáles son nuestros modelos? ¿Estrellas inaccesibles, los protagonistas de la telerrealidad, mujeres u hombres políticos? Las *vedettes* también conocen la precariedad: los programas donde las estrellas fracasadas van a explicar su decadencia se multiplican, porque los accesos a la gloria son hoy más repentinos que ayer. En conclusión, tenemos tantas dificultades para cohabitar mucho tiempo con los mismos ídolos, como las que encontramos con las personas en nuestra vida cotidiana. Incluso aunque esta búsqueda de identidad no tome un giro patológico, dificulta nuestras relaciones con el otro, como testimonian las evoluciones padecidas por la pareja en la actualidad.

Ser confrontado al otro, ser confrontado a uno mismo: dos caras de un mismo problema, como ha subrayado Marcel Gauchet.[201] Los otros nos son indispensables, pero cohabitar con ellos se vuelve cada vez más difícil. Cada uno de nosotros oscila, pues, entre la tentación de abolir al prójimo y vivir permanentemente ligado a él.[202] Pero es difícil percibir al otro, en el sentido más literal: el otro puede tener un olor, con la condición de que no sea el que su cuerpo transmite de manera natural. He aquí el probable origen del extraño entusiasmo por el perfume, este hábito que se lleva sobre la misma piel. En este campo, las tendencias dan resultados sorprendentes a menudo: en medio de un gentío, si cerramos los ojos podemos distinguir el tenaz olor del perfume de moda.

Con el enunciado de estas dificultades, que no constituyen más que algunos ejemplos, puede comprenderse la medida de la mutación antropológica en curso, consecuencia del paso de la sociedad tradicional al mundo contemporáneo. Esta crisis, centrada en el individuo y en sus relaciones con el otro, ilustra a su ser nuestra relación con la moda, explicando por qué este fenómeno ocupa ahora su sitio. Podría irse más lejos con la hipótesis y formular una conjetura: existiría una corre-

201. *Ibíd.*
202. *Ibíd.*

lación entre esta crisis antropológica y la relación que cada sociedad mantiene con la moda.

La noción de crisis antropológica no nos es tan familiar como la de crisis económica, ya que ésta es descrita cada día y se cuantifica fácilmente mediante diferentes indicadores, desde el paro hasta los principales déficits. La crisis antropológica, en cambio, es más difícil de delimitar, ya que designa todas las manifestaciones del malestar provocado por la modernidad, pudiendo adoptar las formas más diversas, desde los divorcios y otras rupturas, hasta el consumo de drogas y psicotrópicos. La depresión, por ejemplo, puede así interpretarse como un síntoma de las dificultades encontradas por nuestros contemporáneos, como ha sostenido Alain Ehrenberg, "el deprimido no está a la altura, está cansado de tener que ser él mismo".[203] La sociedad tradicional podía suscitar frustraciones o dilemas, pero dispensaba al individuo de buscarse una identidad.

En este contexto, se podría imaginar que la relación con la moda revela la ansiedad del individuo por "convertirse en uno mismo". Por eso, la relación con las tendencias y las marcas observada en el seno de una sociedad podría depender de la amplitud de la crisis antropológica en esta sociedad. El caso de Japón parece corroborar esta hipótesis. Como sabemos, el archipiélago ha desarrollado una relación con la moda muy singular: la población de los *fashion victim* es particularmente numerosa en este país. Algunas marcas, como Vuitton, se benefician de una verdadera veneración y la inauguración de una *boutique* puede llegar a reunir una masa histérica. Todo el mundo conoce también esos tráficos destinados a importar "productos grises" a Japón, dicho de otro modo, mercancía auténtica comercializada en los circuitos paralelos y vendida a precios más bajos. Por eso, muchos parisinos han sido parados en plena calle por un japonés, que les preguntaba si podían comprar para él un bolso en Vuitton o en Dior. Estas marcas desconfían de

203. Alain Ehrenberg, *La Fatigue d'être soi*, Odile Jacob, París, 1998, p. 11.

los falsos turistas que hacen sus compras no para su consumo personal, sino para alimentar el mercado gris. Por el contrario, auténticos turistas japoneses participan en verdaderos "safaris *shopping*", donde los botines son reemplazados por las compras realizadas en las boutiques de lujo a donde los *tour operators* les conducen metódicamente. El apetito de marcas de los japoneses parece no tener a veces límites: el fenómeno no se limita solamente a los *bodikons*, contracción de *body conscious* (locos o locas por su cuerpo), sino que afecta a ambos sexos y todas las clases sociales, como lo confirman algunos apacibles ejecutivos que se encuentran ridículamente llevando un maletín acuñado con el monograma Louis Vuitton o con un corte de pelo Gucci. Algunas licencias se desarrollan específicamente para Japón, como los pañuelos con la efigie de una marca o las cadenitas para los teléfonos móviles, con los que las empresas consiguen sustanciosos beneficios.

Durante muchas décadas, Japón ha estado considerado por las empresas de moda como Eldorado. Algunas firmas, como Courrèges o Léonard, han encontrado una segunda juventud. Después, el archipiélago conoció la crisis económica, ligada al estallido de la burbuja financiera, pero también otro tipo de crisis, igualmente profunda, ligada a la desaparición de la sociedad tradicional. También es tentador unir esta situación a esas frenéticas compras de moda que realizan algunos nipones. Los síntomas del malestar japonés son muchos: el número de divorcios alcanza los niveles occidentales, pero, sobre todo, cada vez son más frecuentes por iniciativa de la mujer, la mayoría de los casos después de una larga vida en común. Esta situación revela, por una parte, la autonomía conquistada por las mujeres japonesas, especialmente gracias a su llegada masiva al mercado laboral; y, por otra, su profunda insatisfacción: el aumento de los divorcios es la penalización de un estilo de vida percibido como alienante cada vez más.

Simultáneamente, no ha habido nunca antes tantos solteros entre los nipones: en Tokio, en 2002, el 60 % de las mujeres de menos de treinta años vivían solas o con sus padres; en 1980 era sólo el 37 % el que estaba en esta situación.[204] Paralelamente, el número de fobias sociales está en alza severa, hasta constituir un verdadero problema de salud pública.[205] La relación con el otro se ha convertido en algo difícil, como lo atestigua el modo de vida de estos jóvenes llamados *Otaku* (literalmente "la casa"): saliendo poco, y principalmente para comprar, estos individuos viven replegados en sí mismos, entre su videoconsola, su televisión y su ordenador. En algún sentido, viven en el país de las marcas, rodeados de creaciones comerciales. Estos autistas de una nueva especie han inventado un nuevo lenguaje, a base de marcas y tendencias.

La necesidad de ficción

Nuestros contemporáneos saben leer y escribir la moda. El sistema de las marcas y de las tendencias se ha convertido en un importante componente del juego social, mediante el que los individuos intercambian signos y códigos. Puede tratarse de los zapatos Manolo Blahnik en la serie *Sexo en Nueva York* o de la gorra Nike en ciertas bandas de extrarradios, estos diferentes objetos permiten a las personas transformar su apariencia en un relato.

Librándose a este juego social –escoger un estilo, ostentar las marcas– el individuo satisface una de las necesidades esenciales del ser humano: contar historias, tanto a sí mismo como a los demás, ser el narrador en algunos casos, el lector en otros. Así lo ha señalado el filósofo Paul Ricoeur,[206] la identidad es inseparable de una puesta en escena. La idea según la cual nuestra vida no contaría, o no sería contada, nos provoca un profundo sentimiento de abandono.[207] Algunas hipótesis atrevidas en el

---

204. Para el conjunto de Japón, las cifras son el 48 % y el 23 %; véase Philippe Pelletier, *Japon, crise d'une modernité*, Belin, París, 2002, p. 119.
205. Véase Jean-Claude Jugon, *Phobies sociales au Japon*, ESF, París, 1998.
206. Paul Ricoeur, *Temps et récits*, tomo I, Points Seuil, París, 1991. [Versión castellana: *Tiempo y narración*, Siglo XXI, México, 2003].
207. Es ésta precisamente la tesis desarrollada por Pierre Rosanvallon en *Le Peuple introuvable. Histoire de la représentation démocratique en France*, Gallimard, París, 1998.

ámbito de las ciencias cognitivas consideran incluso que el relato se beneficia de un estatuto particular en nuestras conciencias. Algunos ejemplos parecen confirmar esta tesis: nuestro cerebro memoriza fácilmente las historias, mientras que una lista de números representa una mayor dificultad, y esta constatación es particularmente sorprendente en los niños. Igualmente, algunos psicólogos han notado que, para tomar decisiones importantes, tendemos a recomponer la realidad bajo la forma de historias.[208]

Durante muchos siglos, la principal fuente de la historia, el meta-relato como a veces se la califica, fue la religión. En Occidente estaba la Biblia, acompañada de las hazañas de los santos y de destacados personajes. Hoy, la novedad no es ni la existencia de un mundo virtual, ni tampoco la fascinación por los objetos. Los hombres de la Edad Media vivían también en un mundo donde lo maravilloso e irreal contaba a veces más que la realidad. Muchos objetos, reliquias de santos o apóstoles, se veneraban, lo que, por otra parte, movía a los falsificadores, a fabricar y comercializar las imitaciones. Pero, en esta sociedad, el imaginario estaba determinado por la religión y su desaparición dejó un vacío, contribuyendo a convertir nuestro mundo en desencantado. Si durante un tiempo las ideologías han podido ocupar el puesto de la religión, hoy están pasando un mal momento. Este vacío está rellenado, en parte, por las historias laicas difundidas por diferentes vectores, como la literatura, la televisión, el cine, los cómics o los juegos de vídeo.

En este sentido, Emma Bovary es el personaje que simboliza perfectamente al individuo contemporáneo, en su deseo de historias, su sed de sueños. La heroína de Flaubert se nos parece: perpetuamente insatisfecha, se refugia en clichés e ilusiones

---

208. Un estudio americano ha demostrado, de esta manera, que los jurados, para zanjar un caso de conciencia, habían recurrido a una historia, utilizando todos los detalles suministrados por el proceso –indicios de todo tipo, acusación, etc.– para fabricar un relato y ver si éste aparecía como coherente. Véase Nancy Pennington y Reid Hastie, "Reasoning in Explanation-based decision making", *Cognition*, nº 49, 1993, pp. 123-163.

novelescas. Después de haber tomado prestados algunos caminos que se revelaron callejones sin salida, Emma se lanza a las compras compulsivas de telas para sus vestidos y su casa. Es la incapacidad de hacer frente a sus deudas, la perspectiva de ser deshonrada, lo que la impulsará a cometer el gesto fatal. Las historias y los objetos laicos no consuelan tan bien como sus predecesores religiosos, pero son los únicos que nos son accesibles fácilmente. Por eso, las marcas y la moda intentan satisfacer como pueden nuestra necesidad de ficción. Es difícil decir si las víctimas del síndrome de la compra compulsiva tienen una necesidad radical de ficción, expresada de manera desmesurada en su relación con los objetos, o por el contrario, si han acabado olvidando que los objetos estaban ahí ante todo para explicar historias.

Para vender lo más posible, algunas marcas explican historias simples: Ralph Lauren evoca una América de pacotilla, otros construyen un universo más complejo, como Agnès B., quien rebusca en el panteón de los intelectuales parisinos, no dudando en pedir auxilio a Jean-Luc Godard. Cada creador cuenta su relato: el zapatero Bruno Frissoni propone para el verano 2003 "los temas torero, massai, *preppy* (clásico chic), los colores tranquilos, las mujeres indias del siglo XVIII, el color del té inglés, las materias simples y naturales".[209] Las tendencias explican historias, como esas *culottes* de colores ácidos, adornadas con trencillas de tul y diseñadas por las creadoras Frilly y Racy, que participan de la corriente "me regocijo en mi saloncito".[210] Los temas fotográficos en las revistas recuerdan universos de nombres evocadores: Madame Butterfly, el espíritu de los *fifties*, Musa, etc. En estas historias, las imágenes se adelantan a las palabras y sólo dejan margen para la imaginación. Efectivamente, pueden parecer tan ingenuas como fábulas para adultos, sin embargo, esta simplicidad les permite transformarse en una pantalla sobre la que proyectar nuestros sueños o nuestros fantasmas, sirviéndonos como alfabeto para escribir nuestras

209. *L'Officiel*, mayo de 2003, p. 54.
210. *Elle*, 25 de agosto de 2003, p. 12.

historias. En todas las civilizaciones, el hombre ha prestado una particular importancia a los signos trazados sobre su cuerpo, y nuestra época no es una excepción, singularizándose sólo por ser la primera sociedad dominada por las historias individuales y colectivas. La religión ha dejado de organizar el espacio social, que ya no está agitado por luchas y grandes esperanzas. Hoy, el individuo se explica a sí mismo mediante sus historias y esta actitud le instala en una postura irónica frente al mundo.

La moda es irónica

Curiosamente, la última tendencia respeta las lenguas muertas. Gracias a la moda, nunca habíamos sido tan personas, del latín *persona*, que significa a la vez persona y máscara. "Sua cuique persona": "a cada uno su máscara" o "a cada uno según su personalidad", como proclamaba un cuadro de Florentino Ghirlandaio. Ahora, cada uno puede escoger una identidad, cambiar de rostro o de cuerpo para tener por fin el que se merece. La moda responde a esta grave preocupación de manera agradable: satisface al niño juguetón que hay en nosotros. Por primera vez, la frivolidad interviene en el proceso de construcción de la identidad.

En el centro de este juego está el dandi, reconocible por su mirada irónica respecto a la existencia. El dandi vive peligrosamente: según uno de los más célebres, Barbey d'Aurevilly,[211] su existencia gira en torno a tres verbos: "Vestirse, parlotear y desvestirse, he ahí una parte de sus graves ocupaciones." Pero este personaje no puede confundirse simplemente con un traje con patas. Llegado al borde del desencanto, no cree más que en sí mismo, intentando transformar su vida en una obra de arte y apareciendo donde nadie se lo espera. Su vestido es su máscara, permitiéndole estar en sociedad sin estarlo de hecho.

---

211. Citado por Rose Fortassier, *Les écrivains français et la mode*, PUF, París, 1988, p. 81.

Es en este sentido en el que resulta irónico, ya que, como afirmaba Vladimir Jankélévitch,[212] ironizar es ausentarse. Hoy en día, cada uno de nosotros intenta ausentarse y la moda se convierte en una buena manera de conseguirlo. Conocíamos las civilizaciones de la vergüenza, las de la culpabilidad, y el mundo contemporáneo está consiguiendo inventar una cultura de la ironía. Tanto en nuestra relación con los otros como con la realidad, ironizamos. La moda simboliza la influencia de la ironía sobre nuestros modos de vida.

La ironía se ha convertido en una referencia estética indispensable, distinguiendo al diseñador del momento y también al restaurante en el que se debe ser visto. Referencia evidente: Starck, el más famoso de los creadores de objetos, quien ha hecho de la ironía su negocio. Los prestigiosos hoteles que ha decorado por el mundo revelan, por contraste, la seriedad de los palacios. En los hoteles creados por Starck, los enanos de jardín se codean con dientes gigantes de acero pulido y los sofás Luis XVI se tapizan de leopardo. Y los mismos contrastes se encuentran en materia culinaria: hace dos años París descubrió, estupefacto, el pollo a la Coca-Cola, una invención que pertenece ya al panteón de la ironía. La gastronomía probablemente reservará un sitio más modesto a este descubrimiento, ya que la receta contenía, por otro lado, la Coca-Cola justa para explicar la ironía del plato. Utilizar más lo habría hecho incomible.

La postura irónica viste maravillosamente a la época y la moda apela a todas las funciones de este proceso. La ironía comprende dos funciones:[213] en primer lugar, designa un criterio estético, aparecido con la modernidad y el romanticismo, según el cual todo puede convertirse en arte por decisión personal del creador o del comprador. A partir de entonces, la moda se siente menos sola y su indiferencia respecto a lo bello y lo feo ya

---

212. Vladimir Jankélévitch, *L'ironie*, Flammarion, París, 1964. [Versión castellana: *La ironía*, Taurus, Madrid, 1986].
213. Marie de Gandt, "La place de l'ironie", *Revue des deux mondes*, enero de 2003, pp. 102-107.

no la distingue. Pero la ironía es también una actitud que permite a un mismo individuo conjugar la crítica y la adhesión. Gracias a ella, es posible apreciar un objeto *kitsch* o regresivo, aparentando despreciarlo. Esta especie de mala fe consciente permite cubrirse de logos simultáneamente, a pesar del desprecio que mostramos respecto a ellos. Este comportamiento no se explica por el inconsciente del individuo, le autoriza a *tener* sin *ser*. Como ha señalado el filósofo Dan Sperber, la ironía es una cuestión de mención y no de uso. De esta manera, a pesar de ser adultos, citamos a Hello Kitty, heroína de una tira de cómic japonesa para niños, devoramos los horóscopos lunares afirmando que no creemos... Ironizar aporta al individuo un suplemento de libertad.

Los que siguen de cerca la moda no se visten, sino que ironizan. Gracias a los vestidos podemos ponernos un traje y ser otra persona, vestirnos de *hippies* y jugar en la Bolsa, llevar patalones de camuflaje e ir a manifestarnos contra la guerra, escoger ser una *bimbo* permaneciendo casta, ser el más tierno de los musculitos, coleccionar vestidos de firma sin dejarse engañar por ese tejemaneje... La moda contemporánea ha hecho de la ironía su jarabe. En la década de los años cincuenta, Dior diseñaba sublimes modelos, pero todo en sus creaciones respiraba el espíritu de la seriedad. Y no era el único: todos los grandes modistos de la época hicieron lo mismo. Nada más hay que comparar su estilo con el de un Jean-Paul Gaultier o de Dolce&Gabbana. Por un lado, soberbios vestidos petrificados en su belleza; por otro, conjuntos en los que se superponen las citaciones, la distancia e incluso a veces la burla. Fue entonces cuando la prensa de moda creó un género literario inédito. Quedaría una experiencia por probar: intentar reescribir una revista de este tipo sin la ayuda de la ironía. El objetivo no es inalcanzable, pero daría lugar a otro tipo de revista. Ejemplos: ¿qué hacer del bolso de la gran dama, cómo hablar del look de belleza fatal, cómo sustituir el título de un artículo bautizado "Nunca *too much*: las joyas más colosales"? El mundo de la moda está loco por la ironía, y se apresura a acudir a las veladas de la pareja Guetta, juiciosamente bautizadas "Fuck me

I am famous".[214] Este apelativo puede causar perplejidad, pero tiene el mérito de aglutinar la citación, la distancia y la burla.

Fueron Flaubert y Stendhal, los grandes novelistas del siglo XIX, los primeros grandes irónicos. Hoy tomamos prestado este estilo irónico para escribir nuestras propias existencias y esta ficción nos ayuda a hacer habitable el mundo, permitiéndonos ser a la vez el actor y el espectador del espectáculo que queremos vivir. La desaparición de los grandes relatos, religiosos o políticos, nos obliga a colmar este vacío con multitud de pequeñas historias, que se escriben en el interior del espacio creado por la distancia irónica, con el riesgo de no dejar ningun sitio al relato colectivo que hasta ahora servía de trama a todas las sociedades.

214. "Jódeme, soy famoso" (N.T.).

CONCLUSIÓN

La ironía encaja perfectamente con el individuo, pero se adapta mal al vínculo social, porque contribuye a hacer aún más difícil, como subrayó Paul Zawadzki, "la inscripción simbólica del individuo en un devenir y un sentido comunes que le permitirían pensarse como contemporáneo de sus contemporáneos; dicho de otra manera, de hacer sociedad".[215] A fuerza de buscar su singularidad, el individuo corre el riesgo de hacerse sólo inteligible para sí mismo, convirtiendo la sociedad en una reunión de soledades.

El estallido del colectivo encarna uno de los grandes miedos de la época, que parece particularmente difícil de combatir. Un amplio consenso incrimina al capitalismo, acusándolo de transformar la sociedad en un mercado y a los ciudadanos en consumidores. En apariencia, nuestra relación con la moda parece ser una prueba suplementaria de nuestra bulimia de objetos. Sin embargo, nuestra preocupación por las tendencias no es la causa de nuestro malestar, sino que, a lo sumo, constituye uno de sus síntomas. Los antiglobalización la toman con las marcas y las multinacionales, confundiendo la causa con la consecuencia. El mal que sufrimos encubre una crisis de civilización y no una simple elección social. Por lo demás, las dificultades encontradas por las críticas del capitalismo para articular un proyecto alternativo reflejan la profundidad de nuestros males.

En este contexto, nuestros contemporáneos consumen como otros fuman opio. Como ante las verdaderas drogas, esta adicción se acompaña de reacciones ambivalentes, a veces incluso contradictorias, pero, paradójicamente, en este clima de desencanto generalizado la moda puede ayudarnos a descubrir en el otro el otro-nosotros. Finalmente, podríamos inferir una moral universalista de este espectáculo de miles de personas actuando

---

215. Paul Zawadzki (dir.), *Malaise dans la temporalité*, Publications de la Sorbonne, París, 2002, pp. 14-15.

de manera parecida. Los lazos entre los seres son cada vez más débiles, el individualismo parece dominar los comportamientos y con la moda surge, como un reprimido, el colectivo. El hecho parece sorprendente, hasta tal punto que se imaginan los complots más improbables antes de rendirse a esta sensata verdad: los hombres desarrollan gustos comunes porque cada vez se parecen más entre sí. Las *cosas* pueden ayudarnos, a falta de palabras, a experimentar de nuevo el sentido de la unidad.

La contemplación de esta nueva relación del hombre con las cosas puede sugerirnos dos conclusiones. La primera es sombría: si sólo nos une el consumo, entonces nuestro mañana será una pesadilla. Los seres humanos se dispersarán en los grandes centros comerciales, donde soberbias marcas les proveerán de sueños miserables. En los grandes días, una nueva marca se instalará en la galería comercial o cerrará: llamaremos a eso un acontecimiento. Pero existe también una alternativa para esta visión nihilista. Antes de nosotros, las cosas no han impedido a los hombres pensar, vivir y amar. Pues entonces roguemos para conseguir, mediante los objetos, inventar un nuevo lenguaje que simbolizaría nuestra relación con el mundo y los demás. Como ha expresado Paul Ricoeur, la humanidad "da signos de su propia existencia. Comprenderlos es comprender al hombre".[216] La realidad es una herida y necesitamos historias para amortiguar el dolor nacido de su contacto. La ropa podría convertirse, pues, en nuestro objeto de transición favorito.

---

216. Paul Ricoeur, "La tâche de l'herméneutique", en *Du texte à l'action. Essais d'herméneutique*, II, Éditions du Seuil, París, 1995, p. 91. [Versión castellana: *Del texto a la acción*, Fondo de Cultura Económica de Argentina, Buenos Aires, 2001].

REFERENCIAS BIBLIOGRÁFICAS

La bibliografía consagrada a la moda es abundante y no se limita al *Sistema de la moda* de Roland Barthes, obra de título engañoso, ya que trata más el discurso consagrado a la moda, que la moda en sí. He aquí algunos títulos susceptibles de prolongar la reflexión entablada en este libro:

Sobre la historia de la moda

Boucher, François, *Histoire du costume en Occident*, Flammarion, París, 1965, 1996. [Versión castellana : *Historia del traje en occidente,* Montaner y Simón, Barcelona, 1967].

Deslandres, Yvonne, *Le costume, image de l'homme*, Éditions de l'Institut Français de la Mode (IFM), París, 1976, 2002. [Versión castellana : *El traje, imagen del hombre,* Tusquets, Barcelona, 1985].

Elias, Norbert, *La Civilisation des moeurs*, Calmann–Lévy, París, 1975. [Versión castellana : *La civilización de los padres,* Norma, Barcelona, 1998].

Green, Nancy, *Du Sentier à la 7e Avenue. La confection et les immigrés. París-New York 1880-1980*, Éditions du Seuil, París, 1998.

Grumbach, Didier, *Histoires de mode*, Éditions du Seuil, París, 1993.

Müller, Florence y Kamitsis, Lydia, *Les Chapeaux, une histoire de tête*, Syros, París, 1993.

Pastoureau, Michel, *Bleu, Histoire d'une couleur*, Éditions du Seuil, París, 2002.

Perrot, Philippe, *Les Dessus et les Dessous de la bourgeoisie: une histoire du vêtement au XIXe siècle*, Fayard, París, 2002.

Remaury, Bruno (dir.), *Dictionnaire de la mode au XXe siècle*, Éditions du Regard, París, 1996.

Roche, Daniel, *La Culture des apparences, une histoire du vêtement XVIIe-XVIIIe siècles*, Fayard, París, 1989.

Biografías o autobiografías de modistos

Benaïm, Laurence, *Yves Saint Laurent*, Grasset, París, 1993.

Morand, Paul, *L'allure de Chanel*, Hermann, París, 1996. [Versión castellana : *El aire de Chanel,* Tusquets, Barcelona, 1989].

Picon, Jerôme, *Jeanne Lanvin*, Flammarion, París, 2002.
Pochna, Marie-France, *Christian Dior*, Flammarion, París, 1994.
Poiret, Paul, *En habillant l'époque*, Grasset, París, 1986. [Versión castellana : *Vistiendo la época*, Parsifal, Barcelona, 1989].

Las ciencias humanas y la moda

Bourdieu, Pierre y Delsaut, Yvette, "Le couturier et sa griffe: contribution à une théorie de la magie", *Actes de la recherche en sciences sociales*, nº 1 (enero 1975), pp. 7-36.
Bourdieu, Pierre, *La Distintion*, Minuit, París, 1969. [Versión castellana: *La distinción*, Taurus, Madrid, 2000].
Bell, Quentin, *On human finery*, Schocken Books, Nueva York, 1978.
Barthes, Roland, *Le bleu est à la mode cette année*, IFM, París, 2001.
Deroche-Gurcel Lilyane, *Simmel et la modernité*, PUF, París, 1997.
Herpin Nicolas, *Sociologie de la consommation*, La Découverte, París, 1998.
Herpin, Nicolas y Verger, Daniel, *La Consommation des Français*, tomo I: *Alimentation, habillement, logement*, Éditions La Découverte, París, 2000.
Lipovetsky, Gilles, *L'empire de l'éphémère*, Gallimard, París, 1987. [Versión castellana: *El imperio de lo efímero*, Anagrama, Barcelona, 1990].
Remaury, Bruno, *Le Beau Sexe faible*, Grasset, París, 2000.
Simmel, Georg, *La Parure et autres essais*, Éd. de la Maison des sciences de l'homme, París, 1998.

Sobre la evolución de la sociedad

Boudon, Raymond, *L'Art de se persuader des idées fausses*, Fayard, París, 1990.
Boudon, Raymond, *Raison, bonnes raisons*, PUF, París, 2003.
Ehrenberg, Alain, *La Fatigue d'être soi*, Odile Jacob, París, 2002.
Gauchet, Marcel, *La Démocratie contre elle-même*, Gallimard, París, 2002.
Gauchet, Marcel, *Le Désenchantement du monde*, Gallimard, París, 1985.
Klein, Naomi, *No Logo. La tyrannie des marques*, Actes Sud, Arlès, 2001. [Versión castellana : *No logo. El poder de las marcas*, Paidós Ibérica, Barcelona, 2001].
Menger, Pierre-Michel, *Portrait de l'artiste en travailleur, métamorphoses du capitalisme*, Éditions du Seuil, París, 2002.

Michaud, Yves, *La Crise de l'art contemporain*, PUF, París, 1997.
Taylor, Charles, *The Malaise of modernity*, Anansi, Toronto, 1991.
Tocqueville, Alexis (de), *De la démocratie en Amérique*, tomos I y II, GR-Flammarion, París, 1981. [Versión castellana : *La democracia en América,* Alianza, Madrid, 2002].
Taguieff, Pierre-André, *Résister au bougisme, démocratie forte contre mondialisation techno-marchande*, Mille et une nuits, París, 2001.
Zawadzki, Paul (dir.), *Malaise dans la temporalité*, Publications de la Sorbonne, París, 2002.

Sobre la actualidad de la moda

Además de la prensa especializada, cuya lectura es obligada (*Elle, Vogue, Citizen K,* etc.) igualmente se podrá hacer referencia a:

Marchand, Stéphane, *Les Guerres du luxe*, Fayard, París, 2001.
Lannelongue, Marie-Pierre, *La mode racontée à ceux qui la portent*, Hachette Littératures, París, 2003.

AGRADECIMIENTOS

Doy las gracias, ante todo, a todos aquellos que han aceptado responder a mis preguntas: Laurence Benaïm, Alber Elbaz, Marie-Pierre Lannelongue, Christian Larger, Pierre-François Le Louët, Serge Liminana, Marie-Christiane Marek, Florence Müller, Ariel Ohana, Laurence Perez, Loïc Prigent, Jean-Paul Leroy, Guillaume Salmon, con un agradecimiento especial para Didier Grumbach y Janie Samet.

Mi trabajo se ha inspirado ampliamente en el pensamiento de Raymond Boudon, de quien he tenido la suerte de ser alumno, y quiero expresarle aquí mi gratitud. Desde otro punto de vista, muchos de mis colegas y amigos me han ayudado durante la redacción de esta obra. Estoy particularmente en deuda con Renny Aupetit, Lionel Avot, Esther Benamou, Ariel Colonomos, Aline Duriez, Mathias Echenay, François Erner, Esther Flat, Gabriel Gaultier, Ivan Jablonka, Nicolas Herpin, Henri Kaufman, Christophe Lichtenstein, Claudia Lichtenstein, Frédéric Lordon, Luca Marchetti, Erwan Martin, André Orléan, Bruno Remaury, Philippe Sambé, Pascal Sánchez, Guy Sitbon, Sarah Stern, Paul Zawadzki, sin olvidar a las bibliotecarias del IFM.

Por último, quisiera agradecer a mis editores e interlocutores en La Découverte –Emmanuelle Bagneris, François Gèze, Pascale Iltis, Marie-Soline Royer y Pascal Vandenberghe–, su confianza (y paciencia), sin la cual este libro no habría sido posible.

OTROS TÍTULOS DE LA COLECCIÓN

Historia de la moda. Desde Egipto hasta nuestros días
Bronwyn Cosgrave
27 × 20,5 cm
256 páginas
300 fotografías en color
ISBN: 84-252-2064-5

A través de la historia de la moda trazamos la historia de la civilización. De los schenti utilizados por los egipcios en el año 3000 a. de C. hasta el estilo sofisticado de un traje de Armani en la actualidad, la vestimenta ha estado estrechamente relacionada a través de los siglos con una posición social, una profesión, una cultura o, simplemente, con el clima. Historia de la moda analiza el recorrido de cinco mil años del traje, desde sus prácticos inicios en Egipto hasta el imperio global en el que se ha convertido la industria de la moda en nuestro siglo.
Bronwyn Cosgrave es escritor y periodista. Actualmente colabora como editor para la revista inglesa de moda Vogue.